OTTO SCHULMEISTER

ERNSTFALL ÖSTERREICH

STICHPROBEN
ZUR LAGE
DER REPUBLIK

Die Deutsche Bibliothek – CIP-Einheitsaufnahme
Schulmeister, Otto:
Ernstfall Österreich / Otto Schulmeister.
1.Aufl. Wien: Ibera-Verl., 1995
ISBN: 3-900436-24-X

1. Auflage

Umschlag und graphische Gestaltung: Brigitte Strobele
Lektorat: Genia Gazda
Satz und Herstellung: Ibera Verlag, Wien
ISBN 3-900436-24-X

INHALT

INVENTUR NACH FÜNFZIG JAHREN

Wie im Flug ist das halbe Jahrhundert der Zweiten Republik für die vergangen, die sie gelebt haben. Doch das Jubiläum, das Österreich nicht nur Freiheit und Frieden, auch Wohlstand und soziale Sicherheit gebracht hat, ist eher lustlos, fast nebenbei begangen worden. Ungewohnt ist das, da heute oft schon ein Jahrfünft genügt, um zu feiern. Eine in Kreisky-Jahren gern gehörte Papst-Bemerkung von einer „Insel der Seligen" im zweigeteilten Europa geriet längst in die Wortablage und wenn, wird sie spöttisch zitiert, als wäre man nur um eine Illusion ärmer. Immer noch lebt es sich angenehm hier, der Lebensstandard, das soziale Netz reichen aus, um über Armutsgrenzen hinweg benachteiligte und unglückliche Existenzen mitzutragen. Auch die Vermarktung wie der Raubbau an der schönen Natur, rücksichtsloser Tourismus, die donnernden LKW-Lawinen auf den Autobahnen, selbst der Flüchtlings- und Asylantenstrom haben noch nicht vermocht, diesen Österreicher sich selbst zu entfremden.

Worum geht es, was ist, kaum deutlich faßbar, zu benennen und damit dingfest zu machen? In der mysteriösen Präsenz dieses Etwas könnte sich mehr als zeitweilige Mißstimmung, Absättigung in der Reizwelt des Konsums, Langeweile im Gleichförmigen der Zeit anzeigen. Verunsicherung etwa über den Schillingwert oder das Sparbuch sind da zu wenig. Was fehlt dem im Durchschnitt seiner Bewohner gut ausgestatteten Land zu seinem ruhigen Glück?

Nichts sei schwerer zu ertragen als eine lange Reihe von guten Tagen, heißt es im Sprichwort. Immerhin, fast fünfzig Jahre konnten in Europa vergehen, ohne daß es ein Krieg heimsuchte – bei dessen kriegerischer Vergangenheit gewiß ein ungewohnter Zustand. Auch in der westlichen Nachbarschaft kommt man jetzt öfter auf solche „Durchhänger" in der Zeitstimmung zurück. Weil die Alte Welt nach der Zweiteilung nur zum Vorfeld einer Neuen geworden ist? Eine ungewohnte, dankenswerte Zeit der Selbstbeschäftigung reift vielleicht Früchte solcher Art.

Fernsehen und Radio, Zeitungskommentare, nicht zuletzt neue Romane und Essays vermitteln über Österreich etwas andere Vorstellungen als die gewohnten von der Donau oder aus den Alpen. In der Zeitgeist-Literatur erfährt man etwa, wie es in diesem Lande wirklich zugeht, wie „braun" oder „mörderisch" dieser Menschenschlag eigentlich ist. Das gemütlich-lebensgenießerische Klischee kann man vergessen: Briefbomben, Anschläge auf Starkstrommaste, Betroffenheit in Lichterprozessionen wie bei der Polizei, die seit Jahren Täter sucht, aggressive Töne in den Medien, gelegentlich auch im Parlament und meist in der U-Bahn, Frust in vielen Gesichtern, wenn man als Physiognomiker den Wiener Graben passiert. Sollten die Ansichtskarten von Österreich, die Stippvisiten mittels Flugzeug oder Bus etwa nur verstecken, was die wahre Natur der Menschen hier ausmacht? Bodenlosigkeit, die zwischen dem Heurigen als öffentlichem Beichtstuhl und dem „Tyrol-Abend" als Folklore-Schmäh deren tückischen Charakter tarnt?

Die mit internationaler wie mit Regie vor Ort geführte Medienkampagne zur Kandidatur Waldheims markiert im Rückblick so mehr als einen Szenenwechsel nach der „Ära Kreisky". Als Einschnitt für die weitere Entwicklung erscheint er, wenn man sich erinnert, wie diese Österreicher, ob Schwarze oder Rote, es bis in die Siebzigerjahre verstanden, sich als Hitlers erste Opfer zu präsentieren. So verdienten sie es auch, nach zehn Jahren vierfacher Besatzung wirklich befreit zu werden. Die Hinterlassenschaft des Dritten Reiches, moralisch wie finanziell, abzugelten, überließ man gern dem bundesdeutschen Nachbarn. Der Staatsvertrag öffnete 1955 endlich eine Tür, sich aus der düsteren Szene zu entfernen. Wir hatten mit dem allen doch nicht so viel zu tun. Hitler wurde erst „draußen" etwas. Ist das etwa nicht wahr?

Hat die neue, veränderte Selbst- und Fremdeinschätzung mit dem Umsturz in den Rahmenbedingungen seit Wiederaufbau der Republik zu tun? Zu Ende ist es seit dem Fall der Berliner Mauer und dem Untergang der Sowjetdiktatur mit einer Sonderposition im toten Winkel des Kalten Krieges, den wir zu nutzen wußten. Zu Ende ist es auch mit dem Druck von außen, der nicht wenig zur bisherigen Gemeinsamkeit in Regierungen dieser oder jener Großpartei, mehr noch als Koalitionäre untereinander, beitrug. Der letzte Pakt von SPÖ und ÖVP hat weniger mit der großen Koalition von einst als eher mit dem Zusammenrücken in einer Wagenburg angesichts der Unübersichtlichkeit des Umfeldes zu tun. Es reagiert auf den aufsteigenden Schatten Jörg Haiders, seiner Freiheitlichen, auf Oppositionsgruppen im linken Spektrum, er hat mit Mauersprüngen im ausgeleierten, politischen System überhaupt zu tun. Sie schockieren die Erben von einst und zwingen ihnen das Gesetz des Handelns (samt der Sanierung einstiger Sünden) auf. Vorbei ist es auch mit der Politik des Abwartens, Verzögerns, verspäteten Einschwenkens, wie es die lange, verwirrende, ideologisch fixierte Vorgeschichte eines Beitritts zur EG bzw. EU über die Jahrzehnte von Klaus bis Vranitzky demonstrieren sollte. Österreich hat es nun geschafft, sich der Gemeinschaft anzuschließen, die Konsequenzen, Umstellungen wie Horizontausweitungen brauchen indes ihre Zeit.

An der Endstation einer solchen Epoche sehen sich auch andere Staaten, einstige Groß-, heute aber im Blick auf Washington, Moskau und Peking nur Mittelmächte. Angst, Sorge, seltener Erwartung auf irgend etwas Neues, bemerkt man bei vielen Mitbürgern, in der internationalen Politik sind Zurückhaltung, regionale Entspannungsversuche, Verzicht, da oder dort einfach ein Machtwort zu sprechen, zu beobachten. Zu fließend scheint die Weltlage und zu groß die Gefahr, plötzlich in eine Ereigniskette hineingerissen zu werden. Das gilt vor allem für die größeren Staaten. Wenn ihr Prestige bedroht scheint, macht ihnen das einen Rückzug kaum noch möglich.

So sucht man geduldig Ausgleich ohne Gesichtsverlust, eine Politik, die sich in den Demokratien schon durch die Abhängigkeit von der öffentlichen Meinung und das Wahlkalkül empfiehlt. Wer Risiko und Verantwortung so scheut wie Opfer an Blut und Leben, liefert sich der Fremdbestimmung aus – am falschen Ort, zur falschen Zeit vollzieht sie sich. Dieses sehr komplexe Verhältnis aus Wechselwirkungen im Parteienfeld, Medienmacht, damit eingeschränkter Handlungsfähigkeit und der Drohung einer „absoluten Waffe", bietet freilich zugleich in den Spannungsherden radikalen Kräften einen Spielraum. Der reduziert wieder die dämpfende Wirkung einer Pax atomica unter den Machtkonkurrenten rund um den Erdball.

Die Mißerfolge der Vereinten Nationen mit dem bisherigen Höhepunkt beim Zerfall Jugoslawiens sind ein warnendes Beispiel, wie aus regionalen Konflikten die angeblich doch „eine Welt" internationaler Anarchie anheimfallen könnte. Terrorismus und nadelstichartige, schmerzliche Herausforderung vermag ein industriell überlegener Westen auszuhalten, nicht aber ihnen zu begegnen. Die Interessenkollisionen samt Blindheit für den Augenblick rechtzeitigen Eingreifens spielen sich auch vor den Augen der Österreicher seit Jahren ab. Wie soll da bei solchen Gegebenheiten, die schon die UN von einer Sicherheits-Feuerwehr zur Klagemauer mit großem Personal und nicht immer überschaubarem Budget herabgestuft haben, Österreichs innere Entwicklung jemanden interessieren? Ihm wieder in „kollektiver Sicherheit" Schutz geben? Ermüdungserscheinungen nach der „Erfolgsgeschichte" der Republik II – was soll es? Spiegelbildlich verhält sich vieles, das eine im anderen, das Kleine im Großen, die internationale Szene in der Verhaltenheit auch beim mit sich selbst beschäftigten „Neutralen".

Und tatsächlich, das heutige Österreich als Erbe des Namens einer schon selbst im engeren Sinn tausendjährigen Vergangenheit, schleppt hinter sich eine Geschichte der Metamorphosen. Die kontinentale Kreuzungszone und seine Bewohner haben bereits in jedem Rollenfach gedient: Überflutungsraum in der Völkerwanderung, Pufferzone und Grenzmark der Bayern, Kern dynastischer Machtbildung, „Haus" als europäische Monarchie im Vielvölkerstaat, historisch Keimboden für die Nationalismen des letzten Jahrhunderts und in dem territorial nun existierenden „Rest" (Clemenceau) unter wechselnden staatlichen Identitäten. Wer kann ihm da verargen, aus der jüngsten Vergangenheit auszusteigen, in der Neutralität ein Auskommen zu finden und für die so vielfältige Natur und das reichlich zugefallene Kulturerbe alle lieben, friedlichen Gäste zahlen zu lassen? Der Staatsvertrag von 1955 und die Neutralität gehören für viele Bürger dieses Landes zum Sakrosanktum des Gemeinwesens, nicht minder, als daß der 13. und 14.

Monatsgehalt, die Urlaubs- und Investitionsreserve des kleinen Mannes, dem Zugriff des Finanzministers entzogen bleibt.
Also immer noch Nachfahren der Grillparzerschen „Phäaken" zu Wien, deren Patriotismus sich auf Selbstgenuß stützt und daß wir einmal ja doch etwas galten? Verhielte sich alles so, warum sich dann noch zu Österreich Gedanken machen oder einem gar noch mit einem „Ernstfall" Sorge zumuten? Nur, bei diesem historischen Rollenrepertoire wäre es immerhin denkbar, daß eine Veränderung in den Rahmenbedingungen, die Wiedererstehen und Aufstieg des Landes begleitet haben, es dann auch härter packt, ja in Frage stellt, als sein Anblick im Alltag viele vermuten läßt.
Der Republik II ist es mit dem Beitritt zur Europäischen Union (EU) immerhin gelungen, einen relativ sicheren Hafen anzulaufen. Aber die öffentliche Hand hat sich seit langem übernommen, Sparpakete und der Streit darüber, wer mehr oder weniger und zu welcher effektiven Verwendung hergeben soll, bleiben an der heimischen Tagesordnung. Europa selbst ist mangels rasch spürbarer Verbilligung wie durch die Nettozahlungen an Brüssel wieder in Verruf gekommen. Aber das gehört eben zum Tagesgeräusch. Eine gewisse Schlampigkeit im Umgang mit Sachzwängen und der Brauch, fällige Entscheidungen so lange wie möglich hinauszuschieben, sind den Österreichern oft nachgesagt worden. Sprachmalerisch schon im Wort „Schlawiner", was einen lebensschlauen Typ, der es sich stets zu richten weiß, charakterisieren soll.
Doch Ernstfall für Österreich? Kriegsdrohung, Vereinnahmung? Schleichender Selbstverlust? Leben ist

indes tägliches Ringen um Selbstbehauptung, wenn auch nicht immer stets so bewußt. Was wäre da als Besonderes für Österreich zu signalisieren? Lassen sich Vitalität oder Reflexion und Zukunftsbewußtsein schon dem Bruttonationalprodukt und dessen Verteilungsschlüssel entnehmen? Oder bedarf es zum Erkennen, was es geschlagen hat, eben auch einer Stunde der Wahrheit?
Begleiterscheinungen eines demokratischen Hedonismus sind im Westen genug anzutreffen, vom Osten des Kontinents ist derzeit besser zu schweigen. Was also? Seit den Achtzigerjahren wird in der exklusiven, weil intellektuell geführten Debatte die Frage nach unserer Identität herumgereicht. Wie die Fragestellung scheint der Begriff als solcher schwammig, vieldeutig. Selbst die Identität eines Individuums ist nicht wie aus Stein gehauen, vielmehr wandelbar je nach Zeit , Lebensumständen, wenn auch nicht so wie die eines Proteus. Freilich, der bleibt in aller verblüffenden Verwandlung immer er selbst, eben Proteus – ein Gott des Mythos. Gilt das nicht auch für die Völker? Staaten, Kulturen, Gesellschaften leben in solchen Dimensionen. Sie wachsen, geraten in Krise, finden sich wieder, gehen in größeren Verbänden unter Einbruch neuer Kräfte unter. Später kann der Altertumsforscher nur aufgrund der Forschungslage zu den Fakten und mit Hilfe seines eigenen Zeithorizontes und subjektiver Disposition zu erzählen versuchen, wie es damals gewesen sei. Doch der Ausgang dessen ist längst vorbestimmt, ob die Stunde, der Wendepunkt nun erkannt oder verschlafen wurde.
Indes, wir befinden uns ja nicht bei der Prosektur

eines historischen Leichnams namens Österreich. Für ältere Jahrgänge, die sich noch an Armut, Massenarbeitslosigkeit und Bürgerkrieg erinnern, leben wir heute geradezu in glänzenden Verhältnissen. Was kann dann der angesprochene Ernstfall anderes meinen, als daß die Verankerung der Existenz Österreichs im geschichtlichen Erdreich sich unter der Sogkraft des Gemeinsamen Marktes, der Standardisierung der Lebensverhältnisse und der Zerbröselung des inneren Zusammenhaltes, des Selbstverständlichen als Konsens im Alltag, spürbar lockert?

Gewiß, schön daß es Österreich in unserer Prospektwelt noch gibt, aber im Grunde ist es vielleicht ein Reservat und dort, wo es in Wirtschaft, Technik, Fortschritt sich durchaus modern zeigt, unterwegs zu einer Provinz des Westens, wenn auch vom Ruf einer einst altbekannten Firma. In solch selbstkritischem Anfragen könnte sich freilich auch alter Kleinmut einschleichen, eine Art historischer Minderwertigkeitskomplex, der in der tiefen, brudermörderischen Krise der Zwischenkriegszeit so viel heftiger umging. Die Österreicher, hieß es damals, kämen einfach mit dem Kleinstaat nicht zurecht. Zum größeren Raum, in die alten Lebensbezüge wollten sie zurückfinden, kein bloßer „Rest", sondern ein Versprechen an ein kommendes Mittel- oder Donau-Europa sein.

Am Ende dieses katastrophalen 20. Jahrhunderts weiß man, wie alles ausgegangen ist, auch, daß die errungene Wiedergeburt sich nicht als Lebensstandard quantifizieren läßt. Die Österreicher haben sich aus eigener Kraft und begünstigt von einer Pattsituation im geteilten Europa als viel zäher, klüger und zusammengehöriger erwiesen, als das Ost und West ihnen zutrauten. Keine Frage, das Österreich von heute ist aus einer Erfolgsgeschichte hervorgegangen. Seit dem Staatsvertrag, der auch als Selbstbestätigung empfunden wurde, ist es aber schon lange her. Viel Wasser ist die Donau hinabgeflossen und hat selbst die Donau-Dampfschiffahrtsgesellschaft und noch vieles mehr, weniger selbstspöttisch Belächeltes, davongetragen. Was als Politik- oder Politikerverdrossenheit spürbar wird, läßt sich auch anderswo beobachten, hat aber hier noch andere Ursachen als den Generationswechsel und einen schleichenden Exodus aus Institution und Repräsentation eines gewachsenen Ganzen.

Nicht einmal die Volksabstimmung über die EU schuf da Genugtuung. Denn dieser Staatenverband erweist sich auf dem eigenen Erdteil als schwach, handlungsunfähig, sodaß selbst ein Krieg unter Verschluß gehalten wird, als hätte das Wegschauen, ein Ersatzbetrieb mit Blauhelmen, nicht über kurz oder lang Beispielsfolgen. Was als Gemeinschaft proklamiert und in Brüssel exekutiert wird, hat mit der Einheit und Realität Europas wenig zu tun. Erhoffte Wirkungen des Großmarktes müssen schon allzu lange für das politische Unvermögen schadlos halten. Trotz des Entwurfes von Maastricht präsentiert sich die EU als ein Rohbau, dem die schützende Überdachung wie die Mauer zur gemeinsamen Sicherheit fehlen. Wie lange ist es her, daß einer der Architekten, Adenauer, zuversichtlich meinte, man müsse dieses Europa nur einmal auf das Pferd setzen, zu reiten werde es dann schon selbst lernen?

Unter den Mitgliedern der EU sind kriegerische Auseinandersetzungen wohl ausgeschlossen, das muß auch die Ungeduld zugestehen, nämlich, was allein diese Tatsache schon für eine Welt mit so blutiger Vergangenheit bedeutet. Die europäischen Bürgerkriege des 20. Jahrhunderts werden nicht prolongiert, doch keine Pax Americana oder gar die UNO verbürgen endlich Frieden auf Erden, wenn man selbst nicht zusammenrückt, sich zu wehren und handlungsfähig zu bleiben weiß. Militärisch ernst zu nehmen ist nur die NATO und die wieder hat faktisch das Pentagon zur Leitstelle und von dort hört man, wenn die Amerikaner einmal tätig werden möchten, legten eben meist Paris, London oder auch Bonn ihr Veto ein, wogegen diese wieder den USA vorwerfen, die Amerikaner wollten sich nicht engagieren, solange die Alte Welt nicht selbst einig werde und vorangehe. Was Wunder, wenn der europäische Traum bei vielen ausgeträumt ist – die EU ein Überbau mehr, kein anderes Fundament als die alten Nationalstaaten und ihre Rivalitäten, etwas dadurch gezügelt, daß sie alle untereinander vom Wirtschaftserfolg und der Meisterung der Arbeitslosigkeit abhängen.
Unruhe geht durch unsere Zeit, klare Zielangaben fehlen, alte ideologische Richtwerte verblassen. Auf tages- und parteipolitischem Feld will man wahrnehmen, daß das alte Rechts-Links-Schema durch neue Verbindungen und Gruppen, etwa unter dem Vorzeichen drohender Umweltzerstörung wie auch einer Wiederkehr von Nationalismus, abgelöst wird. Sprechen die einen von einer Zeitenwende, bei der nur ungewiß bleibt, wer die Hebamme, wer das Kind sein

soll, so beunruhigt in der Masse, wieder anders in nachdenklichen Köpfen, das Herannahen einer Jahrtausendwende. Als Zahl 2000 schafft sie zunächst nur eine seelische Disposition, auch wenn sich die Weltgeschichte und was ihre Zyklen oder Wendungen betrifft, nicht an chronologisch fixierte Epochenschwellen zu halten pflegt.

Unter diesem Zeitpanorama richtet sich unser Blick auf Österreich, das zwischen Sarajewo damals und Sarajewo heute ein Jahrhundert in drei, vier Generationen erlebt, erlitten, mit der jungen noch als ihr Leben vor sich hat. Hat es mit dem inneren Frieden und seinem Wohlstand, mit der jüngsten Rückkehr in sein altes mittel- und donaueuropäisches Lebensfeld und durch den Anschluß an die EU – so staunenswert diese Errungenschaften wirken und Österreich geradezu als Glückspilz gelten lassen –, damit auch sich selbst nach Zerfall und Untergang seiner alten, historischen und doch immer wieder neu, wenn auch verändert zeugenden Lebensform gefunden?

Gerade dieses 20. Jahrhundert mahnt besser zur Vorsicht. Und in einer so rasch sich verwandelnden Welt läßt es als den angesprochenen Ernstfall für Österreich den Zwang zu neuer Selbstbestimmung erkennen. Die Herausforderung dazu wäre nicht geringer, als sie nach 1945 war: Hand anzulegen, um unser eigenes Haus auch geistig und seelisch als Eigenheim zu erhalten. Allerdings, die Österreicher hatten damals die Not und den Aderlaß des Krieges wie eine Peitsche hinter sich. Wer setzt die Menschen heute dazu in Bewegung?

„Zu wenig und zu spät" gehandelt zu haben, hat man dem alten Österreich vorgeworfen. Wollen heute namhafte Schriftsteller und Intellektuelle den Zustand als Produkt unerschöpfter Lebenslügen und eines entsprechenden Charakters in Szene setzen, so sehen politische Kritiker wieder nur heimische Trägheit, die Kunst des Fortwurstelns, am Werk. In einer sterilen Innenpolitik gefesselt, sei man außerstande, zu einer größeren, eigenen Perspektive für das Österreich von morgen zu kommen.

Die folgenden Überlegungen als Stichproben zur Lage dieser Republik gelten also dem Wurzelgrund unseres Unbehagens, dem Erreichten wie Versäumten, also einer Inventur nach fünfzig Jahren. Nicht nur das Land und seine Bürger haben sich tief gewandelt, auch die Rahmenbedingungen, die diesen Wandel ermöglichten. Sie werden von anderen abgelöst, während wir dazu neigen, anzunehmen, es gehe alles so weiter. Daraus kann sich auf den verschiedenen Lebensfeldern ein Ernstfall ergeben, der alles Gewonnene wie durch ein Sieb verschwinden und uns wieder einmal mit uns selbst allein läßt. Pessimismus, Kassandra-Töne, da wir als glückliches Reservat die Last der Geschichte anderen gegönnt haben

Nicht zu beunruhigen, sich aber selbst ernst zu nehmen, meint der Verfasser, könnte doch auch gut österreichisch sein. Nur um solche Wohlmeinung zu diesem Vorhaben wird für das Folgende gebeten.

DEMOKRATIE DER FUNKTIONÄRE

Die fünfzig Jahre seit Österreichs Wiedererstehen, die vierzig seit dem Staatsvertrag fallen mit vielen Anzeichen – und gleichzeitig auf mehreren Feldern des öffentlichen Lebens – zusammen. Die Republik morgen, melden sie, wird nicht mehr die gleiche sein wie zuvor. Sind die Demokratien, die „politische Kultur", der Ruf der Stabilität und längerfristigen Berechenbarkeit in Gefahr? Nichts deutet derzeit darauf hin. Auf den Straßen wird nicht geschossen, wirtschaftliche und soziale Verhältnisse lassen die Leute auskommen, Demonstrationen, Ausschreitungen sind seltener als anderswo, Politik ist nicht die Leidenschaft der Massen. Briefbombenterror, Sprengstoffanschläge, das

ist für unsere Gegenwart nicht alarmierender als die doch jedermann spürbare Umweltzerstörung.
Spuren von Unsicherheit, Anfälle von Hysterie, beredete Sorge, wie es weitergehen soll, finden sich mehr bei den Professionellen, zu denen naturgemäß auch Journalisten aller Klassen aus Absatzinteresse oder Witterung zählen. Also wieder ein Befund aus Krankjammern mitten in mehr oder minder bescheidenem Wohlstand, in relativer Sicherheit und Ungestörtheit zu privater Selbstverwirklichung?
Doch wer hier lebt, weiß es anders. Zunächst ist es eine Stimmung. Keine Sprünge im Gemäuer oder abbröckelnder Plafond erschrecken. Und daß das Gefühlsleben in Österreich eine größere Rolle spielt als im Westen, haben schon andere und wiederholt erkannt. Man könnte den Zustand am treffendsten wohl damit umschreiben: Irgendetwas liegt in der Luft. Altbewährte, gewohnte Formen, Demokratie zu praktizieren, allein oder in dieser oder jener Koalition den Staat zu regieren und Wähler bei einiger Laune zu halten, scheinen aus der Mode zu kommen. Dabei hat die Kritik am Parteien- oder Kammerregime schon seit langem die öffentliche Diskussion beherrscht. Warum sollte das dann jetzt mehr als üblich zu bedeuten haben?
Am einfachsten, man hält sich an die für die repräsentative Demokratie maßgebenden Wahlresultate und die von diesen gedeckten Vertretungs- oder Regierungsmandate. Die Erfolgsgeschichte der Zweiten Republik, die sie von den Bürgerkriegszeiten der Ersten drastisch unterscheidet, beginnt mit dem Wiedererstehen Österreichs 1945. Das Jahrzehnt der Besatzung

und, wo es nicht schon die politische Vernunft gebot, dieser Zwang zur Zusammenarbeit ideologisch-militanter Todfeinde von einst, sollte zur Gehschule der großen Koalition von Volkspartei (ÖVP) und Sozialisten (SPÖ) werden. Der Erfahrungsschock mit Nationalsozialismus und Konzentrationslagern wirkte lange nach. Die Kommunisten schieden trotz Sowjetbesatzung rasch aus der Regierung aus. Von dem kurzen Zwischenspiel abgesehen, sind fast alle Regierungen von diesen beiden Parteien oder von einer allein gebildet worden.

Nach zweimal Klaus (1966/70) und vier Kabinetten Kreisky (1970/79) sollte sich die SPÖ die Freiheitlichen, damals noch FPÖ unter Steger, zur Mehrheit als Koalitionspartner engagieren. Schon länger hatte sie diese Gruppierung zwecks Spielelement zur Volkspartei gefördert, nun ließ sich so der bisherige, geschwächte Partner vom Leibe halten. Mit der FPÖ (zu Anfang des Verbandes der Unabhängigen/VDU) war das sogenannte „dritte Lager" der Liberalen und Großdeutschen der Zwischenkriegszeit in das öffentliche Leben zurückgekehrt. Auch viele aus der Hitlerzeit Belastete fanden hier ihre Vertretung, soweit sie es sich nicht schon längst in den beiden Großparteien gerichtet hatten.

Die Dialektik in diesem Prozeß zu verfolgen, fasziniert noch heute. Denn nach dem Führungswechsel von Steger zu Jörg Haider, einem Ruck nach rechts, sollte das einstige Hätschelkind der Linken mit seinem aggressiven, lautstarken Populismus bei der Aufdeckung von Skandalen zu deren akuter Bedrohung werden. Umso lebhafter wurde der Wunsch zur

Ausgrenzung der Haider-Freiheitlichen samt einer Dauerbindung der Volkspartei. Seit 1987 regiert wieder die Koalition, sie versichert allerdings, nicht die „alte" zu sein. In der gleichen Zeit ist indes ihr Stimmenanteil von 84,41 auf 62,59 Prozent gesunken, der der oppositionellen FPÖ von 9,73 auf 22,5 Prozent gestiegen und gleichzeitig das Parteienspektrum im Nationalrat um Grüne und Liberales Forum (eine Abspaltung der FPÖ) erweitert worden. Die Partner aus vielen Koalitionen gelten als unterwegs zu Mittelparteien, die für Verfassungsbestimmungen gewohnte, wichtige Zwei-Drittel-Mehrheit ist verloren, das Regieren schwieriger geworden. Das erleichtert der Opposition, wo gerade Handlungsfähigkeit, Durchsetzungsvermögen gefordert würden, sich aufzuspielen.
Die Veränderungen in der bisher typischen Parteienlandschaft kündigen keinen radikalen Schub an. Das Beharrungsvermögen ist schon im Volkscharakter angelegt, Empfänglichkeit für charismatische Persönlichkeiten nicht feststellbar und diese selbst auch nicht zu sehen. Vergleiche Haiders mit einem Hitler haben einen Zug ins Lächerliche, sprechen aber für Nervosität bis zu parteipolitischer und medialer Aufregung. Der böse Geist aus der Flasche hat, wie wir wissen, andere Entstehungsbedingungen. Leicht zu nehmen ist indes ein solcher Zustand der Verunsicherung, auch nur des mißgestimmten Abwartens nicht, leichtfertig bis dumm gar eine stillschweigende Annahme, ohne wirkliche Einbrüche auf wirtschaftlichem oder sozialem Gebiet werde man schon die Krise durchsitzen: ein „Durchhänger" sei es in der Erfolgsgeschichte, mehr nicht.

Gründe dafür, es sich längerfristig nicht zu bequem zu machen, gibt es genug, auch wenn man Vernunft und Beobachtung, nicht nur Machttrieb und Ausnutzung in der Politik eine Chance gibt. Die Konsens- oder Konkordanzdemokratie sei am Ende, heißt es. Sie habe sich erschöpft und löse sich nach ihren eigenen Entwicklungsbedingungen auf. Übersetzt aus der Politologen-Sprache meint das, der politische und materielle Erfolg der im Land seit den Fünfzigerjahren praktizierten Demokratie versetze sie nun selbst in eine neue Unübersichtlichkeit der Verhältnisse, was die Anpassung des Regimes, die Parteien und die in ihnen vertretenen Wünsche betrifft. Spricht da nicht eher Resignation oder Verschleierung tatsächlicher Fehlentwicklungen und der ihnen entsprechenden Defizite im öffentlichen Leben mit?
Artikel 1 des Bundes-Verfassungsgesetzes in der Fassung von 1929 lautet: „Österreich ist eine demokratische Republik. Ihr Recht geht vom Volk aus." Dies als Raster auf die Wirklichkeit von heute darübergelegt, ergibt mit einem Blick, daß die Spannung zwischen diesem Text und seiner Umsetzung in der Zweiten Republik sich nicht mit der üblichen zwischen Legal- und Realverfassung aufrechnen läßt. Vieles, was von letzterer in Geltung ist, sei es als guter Brauch oder als Mißbrauch, findet da keine Deckung. Ob es nun um die Frage geht, inwieweit die Volksvertretung, der Nationalrat, instrumentalisiert, also zum Absegnungsforum längst anderswo ausgehandelter Entschlüsse und Kompromisse degradiert wurde – mit entsprechendem Niveau und leerer Rhetorik der Debatte im Plenum – , ob die einst verdienstvolle Sozialpartner-

schaft sich zum außerkonstitutionellen Machtzentrum entwickelt hat, also das Parteien- und Verbänderegime den Nationalrat, den Ausdruck der Verfassung, faktisch entmachtet hat.

Wird damit nicht dem formellen Souverän, dem Staatsvolk, seit langem das Gefühl genommen, hier in seinen frei gewählten, selbstverantwortlichen Vertretern zu agieren, ihm vielmehr der Eindruck vermittelt, sich einer Art Funktionärselite gegenüber zu sehen, für die als letztes Disziplinierungsmittel Wahlen – und die Peitschenhiebe der Medien bleiben? Wobei letztere in Überforderung ihrer Rolle leicht vom notwendigen Kritiker zum Tyrannen entarten können. Die Macht des Boulevards, bestimmter TV-Runden wie permanente Berieselung als „Information", die Ungreifbarkeit von Verantwortlichen für Normalbürger, zwingen erst recht Volksvertreter, mit einem Auge auf diesen Effekt zu schielen, statt sich Mut und eigener Urteilskraft – um gar nicht erst vom Klubzwang zu reden – anzuvertrauen.

Und wie sieht es erst mit der Gewaltenteilung aus, der Unabhängigkeit von Legislative, Exekutive und Rechtsprechung? Haben sich hier nicht Verfilzungen wuchernd ausgebreitet? Im rechtswidrigen „Proporz" bei Postenvermittlung, Aufstieg und Subventionen genießen sie seit langem üblen Ruf. Und wird nicht selbst in der Judikatur bis hin zu Obersten Gerichten der Parteifarbe ein Kurswert eingeräumt? So schlecht oder neidisch sind die Menschen in Stadt und Land also nicht, wenn sie nach stets bestätigten Umfragen, Politiker und Journalisten in den untersten Rang ihnen achtenswerter Berufe einordnen. Doch sie haben mit Macht, Einfluß zu tun. Das ersetzt vielleicht vieles, das mehr Respekt gebietet als selbst Geld oder die Lust, es sich an der Macht richten zu können.

Alles zusammen genug Gründe für Distanzierung, warum hat sich unter so satten Umständen dennoch mehr, nämlich ein unverkennbarer Frust unter den Landsleuten gebildet? Man kann selbst am Wohlstand, an beneideter innerer Ruhe, an einem öffentlichen wie privaten Leben, das überschaubar läuft und gegen soziale Unfälle wattiert ist, einmal genug haben. Man kann ein solches Land langweilig finden, der parteipolitischen Pillenapotheke überdrüssig werden. Und das vielleicht besonders dann, wenn eine solche Stimmung sich mit einer Generationsablöse, einem Paradigmenwechsel verbindet, Individualismus, der in Privatisierung und Ego-Trip umschlägt. Reicht das zum besseren Verständnis aus?

Einer solchen Deutung widerspricht, daß die politische Klasse hier in der Praxis unter sich bleibt. Wer ist denn bereit, sich zu engagieren, auch wenn es im Grunde nur darum ginge, sich in seine eigenen Angelegenheiten einzumischen? Zu Wahlterminen und bei Bürgerinitiativen will man es denen vielleicht zeigen, ansonsten leidet die Demokratie unter einem stillen Exodus. Daß die Anteilnahme in der Schweiz auch nicht eindrucksvoll ist, sagt dazu wenig, in Österreich war es eben anders. Es kommen andere Zeiten, und wir werden wohl auch nicht mit Hilfe einer Geschlechtsumwandlung in Verschweizerung landen.

Solche Distanzierung vom Alltag im Demokratiebetrieb verträgt sich durchaus mit kritischer, abschätziger Beurteilung dessen, was dabei herauskommt. Aus dieser seelischen Disposition bildet sich eine Manövriermasse, die noch latent scheint. Immer öfter nimmt sie aber an Protesthaltung teil, erhitzt sich in lokalen Initiativen, läßt die oben fuhrwerken, solange man nur selbst dabei weiterkommt. Die Abstinenz von den traditionellen Großparteien, Haiders Erfolge, zu oft schon als seine letzten beurteilt, Zugewinn für die Grünen aus jüngeren, bisher bürgerlichen Kreisen, der etwas plötzliche Erfolg von Heide Schmidts Liberalem Forum – beide letztere unter weiblichem Kommando –, passen zu einem Bild, in dessen Rahmen die rasche Zunahme der Wechselwähler wie der Rückgang der Wahlbeteiligung nur konsequent scheinen.

Von verbalem Radikalismus, Ausrutschern, kurzen, emotionellen Aufwallungen, die, wie etwa in der Überfremdungsangst, breitere Kreise ziehen, selbst die unaufgeklärten Briefbomben, ausgehobene Waffennarren oder extremistische Zellen sind gewiß noch kein Grund, die heimische Szene für bedrohlich anzusehen. Haßprodukte anarchistischer bis antisemitisch-rassistischer Natur finden sich ebenso in der Nachbarschaft verbreitet. Auch im Straßenverkehr, unter Passanten oder einfach im Umgang miteinander lassen sich aggressive Züge beobachten. Ist es nur Niederschlag dessen, daß viele in der Großstadt an Streß leiden? Oder erweisen so auch Details aus dem Alltag und seiner Normalität irrationale Aufladungen? Diese ließen sich nicht so einfach ableiten, wie das bisher auch den Erfolg des politischen Systems ausmachte. Akkumuliert könnte das so zum Energiepotential der eben erwähnten, noch verfügbaren Manövriermasse werden.

Was seit den Fünfzigerjahren den Auf- und Ausbau Österreichs zu einer innerlich gefestigten Republik ermöglicht hat, nämlich ein ganzer Komplex durch Zusammenarbeit der Kräfte auch gut genutzter Rahmenbedingungen – er existiert nicht mehr. Das markiert den Wendepunkt, an dem die Österreicher halten. Sie sind gut ausgestattet und Teil der Europäischen Union, verfügen also für Umstellung und Anpassung über ein gutes Startkapital. Doch die bisher bestimmenden Kräfte, also Volkspartei und Sozialdemokraten, stecken heute in mehr als einer Formkrise. Ihre Leitbilder und moralischen Antriebe sind unter dem Gesetz des Machterhaltes und der ideologischen Auszehrung in Kompromiß und Blockierung kaum noch wahrzunehmen. Eine Erstarrung im Parteikader, der Mangel an Führungspersonal, öfters negative Selektion oder bloß Professionalität statt Charisma machen sich oft schmerzlich bemerkbar.

Auch die gewohnte Gegenabstützung durch die Sozialpartnerschaft wird in den aufsteigenden Konflikten nicht mehr so wirksam sein, mag sie sich auch immer noch kräftig zu Wort melden. Diese Konflikte folgen aus der Überforderung im Sozialsystem, dessen Debakel manche schon an die Wand malen und zu dessen grundlegender Reform die Kraft fehlt. Die Menschen werden jedenfalls immer älter, das Heer der Pensionisten schon durch die höhere Lebenserwartung immer größer. Die aktiven Jahrgänge im Berufsleben könnten sich über die Jahrhundertschwelle hinaus bereits geradezu als Opfer des Generationenvertrages fühlen.

An sich wäre das eine gute Ausgangslage, um andere Prioritäten, andere Schwerpunkte in der politischen und sozialen Auseinandersetzung durchzusetzen. Eine neue Feldaufteilung, parallel zu den wissenschaftlich-technischen Umwälzungen und ihren Folgen für das Arbeitsleben, ließe sich längst plausibel machen: sozial wie ökologisch. Der Druck dazu wird wachsen, Entlastung durch weitere Steigerung der Produktivität läßt sich erhoffen, bei Ausbleiben als geplatzte Hoffnung in den Rauchfang schreiben.
Eine durch die Vernetzung im Markt, die Konkurrenz in den Arbeitskosten, die Verteidigung des sozialen Standards längst fällige, wenn auch hinausgeschobene Reform wird beim derzeitigen politischen und sozialen Besitzstand zähe Widerstände hervorrufen. Um diese zu brechen oder zu überwinden, bedarf es wohl einer anderen Zukunftsvorstellung als der, daß dabei niemand Opfer bringen, irgendwelchen Verzicht leisten müsse. Erst recht muß in diesen Erwartungshorizont einbezogen werden, daß die Verwüstung der Natur und der Ruin der Umwelt dem ökologischen Notstand immer mehr Vorrang einräumen werden.
Die Zeit der Sparpakete in den öffentlichen Haushalten hat auch in Österreich schon begonnen. Es wird nicht bei jährlichen Streichlisten bleiben, bis man sich an enger gewordene Verhältnisse gewöhnt hat. Nicht wenig vom Unbehagen nährt sich aus dem Verdacht, das Land könne nach einer Phase der Modernisierung und Anpassung die Lust an weiteren Eingriffen verloren haben und zur bekannten Politik des „Fortwurstelns" zurückkehren. Der gewohnten politischen Praxis fehle es an Kompetenz und Handlungsvermögen,

unter der neuen Lage auch sich selbst anzupassen. „Denkwerkstätten" und Umprogrammierungen haben etwas Trügerisches an sich, neue Etiketten für alte Lagerbestände. Alternativen zeigen sich wenige oder sehr vage.

Das schafft den Freiheitlichen mit ihrem Ruf nach einer „Dritten Republik" Echo. Wenn es indes zurückhallt und dann auf die Inhalte befragt wird, bleibt als suggestive Substanz nur eine wieder einmal erreichte „Themenführerschaft" zum öffentlichen Handeln. Straffung der Führung, Abbau des institutionellen Leerlaufs, mehr direkte Demokratie statt parasitärer Strukturen – so lauten einige der Offerte. Auch von den Grünen liegen solche vor. Hier wird ein schrittweiser Durchgriff zum Umbau des auf Umweltzerstörung basierenden Systems und parallel dazu von einer anderen Gesellschaft geträumt. Es sind Wünsche, die gewiß viele Sympathisanten unter den Jungen haben. Zum Erfolg in unserer Wirklichkeit setzen sie eine Umkehr im Zivilisationsprozeß voraus, die gewiß nicht von Österreich allein ausgehen kann. Ohne einen Bewußtseinsschock in der Industriewelt (samt begleitenden Turbulenzen) ist da bei der Kurzsichtigkeit der Oligarchien im Land eher ein Mitschleifen bis zum Knackpunkt wahrscheinlich.

Mehr als da und dort zu bremsen, Optionen bewußt zu halten, die anderen Parteien aufzustacheln, ist denn auch von solcher Fundamentalopposition nicht zu erwarten. Sie gibt indessen mehr den „Realos" Einfluß, wächst doch die Bereitschaft zum koalitionären Mitmischen. Und die Liberalen des neuen Forum? Sie verstehen sich als Anwälte der guten, alten Bürgerfreiheit im Kampf gegen Bürokratisierung, Reglementierung und Bevormundung durch Rot und Schwarz (inklusive klerikaler Privilegien). Das mag verdienstlich gegenüber indirekter Steuerung, „Verstaatlichung" der Gesellschaft und Durchsetzung individueller Lebensräume sein. Zur Grundlagenkrise der repräsentativen Demokratie im Westen überhaupt bringt es nur den Einspruch, den man schon von den Gründungsvätern zu Anfang des Jahrhunderts lernen konnte: mehr Liberalität, aber unter welchem Wertekonsens?

Der neue Bürgerstaat, wie ihn der verlockende Prospekt Haiders zu einer „Dritten Republik" verheißt, wird von den „Altparteien" vehement abgelehnt. Die Zweite Republik genüge durchaus, ein paar kleine Retuschen eingeschlossen, und damit bleibt es der Opposition überlassen, auf diesem Erwartungsfeld allein zu grasen. Die Motive zu dieser Haltung lassen sich vermuten. Eine überfällige Erneuerung im politischen System selbst in die Hand zu nehmen, dazu reicht wohl die Kraft und die noch verbleibende Zeit nicht aus. Die Begründung, die Freiheitlichen stünden mit solchen Vorschlägen „außerhalb des Verfassungsbogens", blieb selbst im eigenen Lager nicht unwidersprochen. Der Graben wurde nur deutlicher markiert, was niemand hindert, daß sich schon manche Gedanken über Ampel- und sonstige Koalitionen erlauben.

Die für die Legislaturperiode abgeschlossene Koalition durchzustehen, nicht dauernd in die Defensive und damit auch in das Gegeneinander in der Regierung wie im Nationalrat zu geraten, wäre ein schieres Wunder. Selbst ein weiterer Mannschafts- oder gar

Führungswechsel scheint nicht völlig ausgeschlossen, und die Wiener Wahlen 1996 könnten dazu etwas wie die „Iden des März“ im Sprichwort bedeuten. Die Ausgrenzung der Freiheitlichen hatte zur Selbstverteidigung der Koalition ihren Sinn, jetzt wirkt sie für die Koalitionäre eher kontraproduktiv. Die Opposition macht das Parlament zur Bühne, die SPÖ denkt an mögliche Notfälle, und in der Volkspartei fühlt man sich wie in dem mittelalterlichen Exempel von Buridans Esel. Das ist jener Esel, der sich zwischen zwei Heuhaufen nicht entscheiden kann, von welchem er zuerst fressen soll und darüber langsam verhungert.

Daß auch die Haider-Partei noch in einem Salto mortale enden kann, ist als Möglichkeit schon bei einer so auf dessen Person abgestellte Opposition durchaus einzukalkulieren. Wo finden sich dann aber Schubkräfte, die Demokratie und deren Organe samt der davon mitbetroffenen Staatlichkeit aus einer denkbaren Pattsituation herauszuführen? Könnte fünfzig Jahre nach Wiedererstehen die Demokratie in diesem Land erneut in eine Sackgasse geraten, diesmal nicht durch autoritären Eingriff oder unter Drohung der Straße, sondern aus allmählicher Selbstlähmung? Angesichts des relativ glatten Flusses an der Oberfläche scheinen solche Besorgnisse etwas weit hergeholt, jedenfalls für jüngere Mitbürger. Die haben erst am plötzlichen Kollaps der Sowjetdiktatur erfahren, daß selbst eine totalitäre Größe stürzen kann über Nacht.

Ist es denn nicht die Stärke einer Demokratie, sich in freien Wahlen durch eine Volksvertretung auf Zeit, Bindung an eine unabhängige Rechtsprechung, eine Exekutive, die das Gesetz durchzusetzen hat und eine nur diesem verpflichtete öffentliche Meinung selbst zu schützen? Das trifft aller Erfahrung nach zu, hat aber zur Voraussetzung, daß sich das Staatsvolk mit dieser Form der Selbstregierung, inklusive ihrer wie immer im Leben auch vorhandenen Mängel, identifiziert. Sinken indes die bürgerlichen Freiheiten, Rechte wie Pflichten, auf die Stufe von Konsumartikeln, werden sie bloß als unbezahlte Ausstattung zum eigenen Fortkommen geachtet, büßt diese politische Lebensform gerade dort, wovon sie ihre Stärke beziehen soll, an Widerstandsvermögen ein. Sie degeneriert dann zur simplen Spielregel für Funktionäre, zum Apparat, wird eine Kulisse. Ein sozialer Sturm, auch nur die Wurstigkeit der Bürgerschaft, ein Haufen Radikalinskis können das alles davontragen.

Rituelle Glaubensbekenntnisse zu Demokratie, Feierstunden und Schwüre betonieren nicht, was sich auf solchem Sand dennoch fest gebaut glaubt. Die Lebendigkeit des Vollzugs, die Volks-, nicht etwa Parteiverbundenheit ihrer Organe – so sehr die Parteien das Aktivelement bleiben – bestimmt ihr Schicksal. Eine Entfremdung, die dann weder Zeitung noch Fernsehen beheben können, ist für sie gefährlicher als offene Krisen. Eine solche Herausforderung zu meistern, ihre Handlungsfähigkeit, den Gemeinsinn, den wachen Instinkt für die Stunde zu zeigen, gelten zurecht als Höhepunkte im Leben einer intakten Demokratie. Auch die Zweite Republik hat sie erlebt, doch das ist nun schon länger her.

Selbst in alten Verfassungsstaaten zeigen sich Probleme der Anpassung an das Komplexe wie zugleich Hektische modernen Lebens. Was Wissenschaft und

Technik Jahr um Jahr an Fortschritt, Lebenschancen, aber auch lebens-, ja menschenbedrohenden Möglichkeiten mit sich bringen, parlamentarisch „aufzuarbeiten", um es auch gegen massive Interessen, Hintermänner und Lobbies als heute selten verstandenes Gemeinwohl durchzusetzen, überfordert mehr als seinen Mann, seine Frau. Dabei ist noch gar nicht von der Parteibindung, von Kompromißfähigkeit und deren Grenzen, von Gruppenzwang und Individualität, Sachkenntnis und Charakter die Rede. So droht der Alltag den Parlamentariern davonzulaufen wie die Zeit den Menschen auch insgesamt. Gewinner daraus war die Exekutive, jene, die Fakten setzen, zu denen gesetzliche Regelungen oft Jahre später nachgeliefert werden. Im Zuge einer solchen möglichen Entwicklung verliert auch vieles vom traditionellen Links-Rechts-Schema an Bedeutung. Ideologische Spätfolgen des Jahrhunderts sind dem lange vorausgegangen, heute wirkt vieles als bloße Kulisse zwecks Machterhalt.

Viele Streitfragen, Reformpläne, Sanierungswünsche hat diese Tendenz unter sich begraben. Sie haben sich nach hofrätlichem Rezept selbst erledigt oder wandern zur Schuttmasse der Republik und vergrößern den Berg: vom Untergang der „Verstaatlichten" bis zum „Konsum", vom Staatsvertrag bis zur Abwicklungsdebatte über die Neutralität, vom Knüpfen des sozialen Netzes bis zu Warnrufen, es könnte bald reißen, auch vom Dauerthema dieser Jahrzehnte: einer Mitschuld durch Beteiligung oder Wegschauen vieler Österreicher an dem, was Mitbürgern im Dritten Reich angetan wurde, bis zur Entsorgung dessen,

was nach fünfzig Jahren (!) an solcher Hinterlassenschaft überhaupt vom Unrecht noch zufällig Überlebender gutzumachen war.
Die Österreicher selbst, in ihren Ländern, Städten und Gemeinden – diese Bindung ist heute gewiß nicht schwächer als früher – wissen darüber mehr, als Politikern des Tages recht sein mag. Daß sie sich nämlich gut gehalten haben, auch manchen Bodensatz verflossener Jahrzehnte immer noch nicht erschöpft wissen, sich aber zutrauen, mit all dem, was auf uns zukommt, in ihrer charakteristischen Art fertig zu werden. Ein großer Lebensmut darf als unverbrauchter Aktivposten in einer durchaus kritischen Bilanz der Demokratie nicht übersehen werden. Zu erneuern, sanieren, stimulieren ist vieles: den Großteil davon haben wir unerledigt in der Hochkonjunktur vor uns hergeschoben, aus ideologischen Scheuklappen nicht anzugehen gewagt, es uns gut gehen lassen oder in jene Löcher gestopft, die öffentliche Mißwirtschaft hinter sich gelassen hat.
Lebensmut, Phantasie, Intelligenz und Anpassungsvermögen sind umso höher zu veranschlagen, als sie sich durchsetzten nach dieser ersten, unglücklichen Hälfte des 20. Jahrhunderts. Drei, vier Generationen leben miteinander, nebeneinander, vom Uralten bis zum Jungen. Politische Umstürze, radikale Veränderungen der Landkarte, der Landschaften, gesellschaftliche Umwälzungen, also immer wieder neue Anfänge, Strukturbrüche wie Entwurzelung konnten diese Österreicher nicht zur anonymen Masse zermahlen. Auch haben Modernisierung und Verwestlichung des Lebens das Land zu keiner Allerweltsprovinz ge-

macht. Seine Eigenart war zäher als das, was die neue Zeit nicht nur an Möglichkeit und Reichtum, auch an schmutzigen, korrupten Rändern, ärger noch als Aids, als Virus zu „moral insanity", an Korruption bis Verantwortungslosigkeit und Schlamperei verbreitete. Österreichs Demokratie wird um eine Selbstreinigung, eine neue Rekrutierung zu geistiger und politischer Führung nicht herumkommen. Der fällige Generationswechsel, Ungewißheit der Gegenwart und Gefahren in der Umwelt werden einer oft so vollmundig gewürdigten politischen Kultur" genug Gelegenheit bieten, zu erweisen, daß sie keine Museumswissenschaft ist. Denn Funktionäre allein machen noch keine wetterfeste Demokratie, auch das Volk darf dazu eingeladen, dazu wieder ermutigt werden.

IDENTITÄT ODER NEUTRALITÄT?

Österreich redet für Nachbarn wie Fremde oft mit zwei oder mehr Zungen. Nicht leicht ist da zu erfassen, was eigentlich gemeint, entschieden ist. Man hält sich viele Möglichkeiten offen, was kann doch schon die nächste Zukunft für Überraschungen bringen. Auch liebt man es, eine einmal ins Auge gefaßte Orientierung erst nacheinander und mit Pausen sich angewöhnen zu lassen. Nur nichts Abruptes, auch in den Konsequenzen voll offen Gelegtes soll jemand erschrecken, womöglich Politiker unwiderruflich binden, unpopulär machen, weil sie die Dinge beim Namen nennen.

Also Opportunismus in Reinkultur – Fazit von Lebenserfahrung? Nach der Kurzformel: Nützt es ihm, nützt es mir? Die Identität eines solchen Menschenschlages fest zu machen, wird manchmal zur Rätselaufgabe, voller Widersprüche scheint sie. Es könnte ja sein, daß mit dem historischen Kleid auch noch anderes an Hüllen zu Boden gefallen ist. Geistige Anstrengung, die Schärfe eines Gedankens ist bei so üblichen wechselnden Aus- und Abgrenzungen samt Vorbehalten auch nicht zu erkennen. Die Wendigkeit, je nach Augenblicksinteresse zu reagieren, sich fürs erste festzulegen, um bei anderer Gelegenheit eher das Gegenteil zu vertreten, ließe sich auch auf die Schwäche eines Kleinstaates zurückführen, wäre da nicht so rasch jeweils ideologisch-emotionelle Absicherung dieser oder jener These bei der Hand: Nein, nein, niemals! Wie oft kann man das im politischen Alltag vernehmen?

Aus der Herkunft dieser Parteien aus den alten Lagern, die in ihrer Vergangenheit schon alle Variationen von „großdeutsch" bis „österreichische Nation", von „weltrevolutionär" bis „reichskatholisch" durchgespielt haben, läßt sich leichter begreifen, daß auch 1995 die Außenpolitik stets ein Stück Innenpolitik ist und also beide an weitergereichten Tabus laborieren. An einem Kreuzweg indessen setzt sich nach einem längeren Verharren als Lernprozeß doch so etwas wie das Staatsinteresse durch. Von der Vorgeschichte des Staatsvertrages bis der Weg zum Haupteingang der Europäischen Union eingeschlagen wurde, ist das alles aktenkundig. Um dann bald wieder in Rivalität, wer, was, wo zu sagen hat, da oder dort mitvertreten sein muß, vollends in einen Streit über Konsequenzen dessen, worauf man sich doch schon geeinigt hat, überzugehen.

Nun, auch in älteren, größeren Demokratien ist ein Ineinanderfließen von Innen- und Außenpolitik zu beobachten. Es hängt auch dort mit dem Machtmandat des Wählers zusammen, das der sogenannten Staatsräson der Kabinette enge Grenzen gesetzt, dem Werbeprofil der Parteien Vorrang verschafft hat. In Österreich geht es mehr auf die Wechselfälle seines Schicksals in diesem Jahrhundert zurück. Mit der österreichisch-ungarischen Monarchie, der Ersten Republik, Hitlers Großdeutschem Reich und der Zweiten Republik wären es immerhin vier staatlich gefaßte Identitäten, die ein heute etwa achtzigjähriger Österreicher hinter sich gebracht hätte. Doch nicht genug damit, auch das, auf was sich ihr Inhalt als Selbstverständnis bezieht, umfaßt Widersprüchliches. Man kann vor solchem Durcheinander einfach die Flucht antreten und es sich an einer Gegenwart genug sein lassen, die mit all der Schleppe aus Vergangenheit nichts mehr zu tun haben will. Um die nächste Ecke, bei der nächsten Gelegenheit und schon tritt man auf sie und fällt schockiert auf die Nase.
Österreich ist ein aus und durch seine Geschichte konstituiertes Gemeinwesen. Das sind freilich andere auch. Dennoch, es gibt da einen Unterschied. In Umkehrung dessen, was die Bundesdeutschen in den achtziger Jahren als „Historikerstreit" auszutragen hatten, ließe sich gerade Österreich paradoxerweise als der „Sonderfall" aus europäischer Vergangenheit verstehen. Man muß dazu nur von Staats- wie Volksnation, der französischen und deutschen Version des Begriffes, ausgehen, um zu bemerken, daß dieses Land an den Komponenten beider Anteil hat. Das

sind: Wille zum Staat, Sprache, Volkstum, Geschichte, Zeitstimmung wie Bedrohungslage. Daraus folgt auch, daß die Gewichtung dieses oder jenes Faktors im Laufe der Zeit wiederholt wechselt.

Was kompliziert und lebensfremd klingt, hat Hugo von Hofmannsthal einmal ausgedeutet, als er das Österreich des Habsburgerstaates kurz vor dessen Ende im Unterschied zum wilhelminischen Nationalstaat als das „ältere Deutschland" würdigte. Und warum? Weil es für ihn immer noch die Insignien des Reiches trug. Doch was soll heute ein solches Zitat aus der literarhistorischen Requisitenkammer noch aufhellen? Wer beobachtet, wie Identitätssuche überall umgeht, sei es als Reaktion auf den Schwund im Wertekonsens, unter der Sogwirkung der US-Zivilisation oder als Folge des Machtverfalls Europas, der wird sich als Österreicher die eigene Selbstprüfung nicht ersparen können.

Das Österreich-Bewußtsein der bald acht Millionen Staatsbürger wird auf Basis der Meinungsforscher in den Medien wie in akademischen Studien analysiert und dort als befriedigend bewertet. Diese Staatsgenossen erleben die Republik heute durchaus als ihren Staat, nichts mehr ist da „wider Willen". Der Nationalstolz könne sich sehen lassen, heißt es, Schi- oder Fußballsiege machen das augenfällig, nicht minder die Bekundung, daß wir heute wieder etwas gelten. In der Zwischenkriegszeit waren viele auf den großen Bruder in Deutschland fixiert, man wollte dem ungewohnten Kleinstaat-Dasein entkommen. Unter dem „Rest", der von einer großen Macht übrig war, regten sich Bitterkeit und ein Minderwertigkeitskomplex,

beide nährte die wirtschaftliche und soziale Notlage. Heute wird vom Anschlußverbot seit St. Germain nur noch mit abweisender Handbewegung geredet, wenn etwa der weitere Nutzen des Staatsvertrages, in dem unter anderen diese Klauseln zur Beschränkung der Souveränität enthalten sind, bezweifelt wird. Wozu an etwas rühren, nur weil Moskau nicht mehr dasselbe ist, das ihn 1955 unterzeichnete?
Der Staatsvertrag ist ein historisches Dokument, die Zeit ist darüber hinweggegangen. Wozu dann rechthaberisch darauf zurückkommen? Nicht nur hier ist es Praxis, vieles der Zeit wie einer Post zu überlassen, die ankommt oder auch nicht. Es empfiehlt sich, nicht auffällig zu werden. Und tatsächlich regen sich weder Anschlußwünsche hier, noch gibt es Differenzen mit Bonn. Der „zweite Anschluß" vollzog sich als Integration in den Großmarkt der EU. Mit der nationalen Frage von einst hatte er – eher gegenläufig zu ihr – nur den Wunsch gemeinsam, sich so in der Eigenständigkeit besser behaupten zu können, statt von einem „großen Bruder" allein abhängig zu sein. Selbst hat man erreicht, was man vor vierzig Jahren nicht einmal so erträumt hätte. Im Rahmen der Europäischen Union und in der Verflechtung mit deren Gemeinsamem Markt stellen sich ganz andere Aufgaben: Festigung und Ausbau des industriellen Standortes, vor allem dort, wo wir eigene Qualitäten einzubringen, Nischen zu besetzen haben, Bewahrung, Pflege der Urlaubs- und Erholungsinsel für die Nachbarn, energische Reaktivierung der einstigen Wirtschaftsbeziehungen donauabwärts und nach Osten.
In solchem Handeln, auch Erfolgen dabei, erledigt

sich vieles, was an Identitätssorgen noch umgehen könnte. Aus Angst vor Überfremdung sind sie freilich aktuell spürbar und dabei parteipolitisch von den Freiheitlichen zu nutzen gewesen. Wir teilen diese Art Reaktion auch mit Großflächenstaaten wie Deutschland, Frankreich, selbst Italien. Sie schafft Zündstoff für rechtsextreme Anschläge, vergiftet ganze Wohnbezirke Wiens, ist im Alltagsverkehr, in der U-Bahn, auf Straßen oder im Anstellen bei Behörden jederzeit an Gesichtern, abfälligen Bemerkungen zu erkennen. Daß der Westen, näherhin West- und Mitteleuropa seit Jahrzehnten zum Ziel einer Völkerwanderung aus Gebieten der Armut, Unterdrückung und des Krieges wurde, ist bekannt. Wenn der Anteil dieser Ausländer, noch dazu ethnisch oder kulturell anderer Herkunft, gegenüber der eigenen Bevölkerung zu sehr oder zu rasch anwächst, entsteht daraus ein Spannungszustand. Was zunächst nur glost, kann plötzlich zum Feuer werden, etwa wenn ein Konjunktureinbruch Arbeitsplätze gefährdet, es um Wohnraum geht, Slums zu wuchern beginnen. Die Vision multikulturellen Zusammenlebens ist dann rasch weggeblasen, Panikmache fällt leicht und die Opposition hat das rechtzeitig genutzt.

Daß das alte, größere Österreich ein Vielvölkerstaat war und auch Wien davon manche Züge trägt, solches Wissen half so wenig wie die frühe Plakataktion mit „Kolaric“ und daß soviele Vorfahren selbst einst aus den Donauländern zugewandert sind. Wir waren eben damals die Herren, erwidert man, und morgen werden wir nicht einmal im hinteren Kabinett noch Platz finden können. Die Zahl der Gastarbeiter ging seit Mitte der siebziger Jahre zurück, bedingt durch eine Wirtschaftsflaute. Ein Jahrzehnt später waren schon wieder mehr als doppelt soviele Ausländer im Land beschäftigt. Die ausländische Wohnbevölkerung betrug 1993 über 700.000, die der Arbeitskräfte über 282.000, das waren neun Prozent aller Beschäftigten. Zusammen mit der Dunkelziffer dürften insgesamt mehr als eine Million Ausländer auf dem Gebiet der Republik anzunehmen sein, Wien ist dabei wieder Ballungszentrum.

Dieses Heer vergrößerte sich schon optisch nach dem Zerfall Jugoslawiens und dem dann folgenden Krieg. Das Straßenbild wurde bunter, das Sprachengewirr lauter. Viele hatten bei Verwandten hier Zuflucht genommen. Für die Not unten und die Asylanten hier wurde viel getan. Doch mit der Dauer litt auch diese Großherzigkeit, immerhin waren das ja nun Kroaten, Bosnier, Serben, also Nachbarn wie 1956 in den Ungarn-Tagen. Warum gab es aber zugleich so viele Asiaten, Orientalen, Schwarze im Straßenbild zu sehen? Ließ man einfach die Schleusen geöffnet, dachte mit solcher Freizügigkeit an künftige, eigene Wähler? Oder hatten nur die Landsleute verschlafen, in welcher Welt auch das eigene kleine Vaterland zurechtkommen mußte?

Die Identitätsfrage stellt sich dann nicht theoretisch, sondern durchaus praktisch. Wie deutsch oder nicht sich der Österreicher noch fühle, ist sekundär geworden gegenüber der auch im Westen um sich greifenden Sorge um den eigenen Platz im Leben. Das läßt sich durch Aufklärung und eine ruhige, weitsichtige Politik eindämmen, die Ausländerfrage bleibt in dem

ethnisch-rassischen Durchfluten dennoch auf der Prioritätenliste. Daß wir längst in diese multikulturelle Welt eingetaucht sind, ist Tatsache und wohl irreversibel. Hat sie aber auch das Bewußtsein erweitert, das Lebensverhalten geöffnet, für die eigene Persönlichkeit und ihre Umgebung fruchtbar gemacht?
China, Asien, die Wunder des Ostens liegen vor der Haustür, nein, schon im Bildschirm, ein Marco Polo ist durch Elektronik und die weltweite Vernetzung ersetzt und zur täglichen herrlich-schrecklichen Realität geworden. Der einzelne fühlt sich von dieser Horizontweite mitgerissen, schockiert, hilflos auch vor Unglück und dem Bösen in der Welt. Er weicht zurück, verdrängt, begnügt sich mit seinen eigenen Problemen. Warnen die einen vor einem abstoßenden Mischmasch, das als Hollywood-Version oder UN-Philosophie nur den kulturellen Verfall in Europa, Asien oder Afrika kaschiert, sehen Optimisten das anders. Für sie sind es die Geburtswehen einer nicht minder vielfältigen, aber im gegenseitigen Austausch erst auf die Bewußtseinshöhe der *einen* Welt aufsteigenden Menschheit.
Mit Spengler oder Toynbee läßt sich einem Untergang des Abendlandes, einer Abfolge im Prozeß der Weltkulturen, mit dem Altösterreicher und Amerikaner Eric Voegelin dem Geheimnis von „Order and history“ in der Weltgeschichte nachgehen. Dem Phänomen einer durch Wohlstandsgefälle, Verkehrsströme zu Land, zu Wasser, in der Luft, durch Massenkommunikation wie Bedarf für niedere Dienste ausgelösten Völkerwanderung ist durch Entwicklungshilfe, Absperrung, selbst Sicherheitszäune wie zwischen

den USA und Mexiko systemimmanent nicht beizukommen. Auch Österreich muß, wie die Deutschen oder die Schweizer, damit leben, ohne vor dem Schreckbild drohender „Umvolkung" (Mölzer) zu erstarren, wieder in einem Völkergemisch unterzugehen. Ob unter diesen Erfahrungen das Österreich-Bewußtsein sich klärt, weitet oder restriktiv wird, läßt sich bei so schwankender Gefühls- und Bedrohungslage nicht voraussagen. Geht es uns gut, ist die Heimat das beste Land der Welt, gerät man in Krise, sucht man nach Schuldigen, fühlt man den Mangel einer qualifizierten Führungsschicht, die, wenn auch verschiedenstimmig, doch das moralische und intellektuelle Niveau angibt.

Die „österreichische Nation", in den letzten Jahrzehnten regierungsoffiziell popularisiert und in die Meinungsforschung eingebracht, ist keine „ideologische Mißgeburt" (Jörg Haider), vielmehr der Entwurf eines für den Tagesgebrauch nützlichen Überbegriffes. Die ganze Vergangenheit Österreichs spricht er an, entschärft, was nach Habsburg-Krise, Bürgerkriegen und Ständestaat noch an Trennendem zwischen uns lag und sollte einem Schielen nach drüben einen Riegel vorschieben. Auch ist er zu vermitteln, um so zur jüngsten Vergangenheit auf Distanz zu gehen, als hätte die späte Geburt dieser Staatsnation für postmoderne Zeiten nur ein katastrophaler Zwischenfall blockiert. Wie immer, wer die F = Freiheitlichen (nun wieder FPÖ) durch Jörg Haider sich heute gegen eine „Deutschtümelei" unter allen Anhängern wenden hört, kann ihm so wenig Wendigkeit wie Gespür dafür absprechen, was dem Zeitklima entspricht. Nicht die Frage, ob und wie deutsch die Österreicher seien, interessiert heute, das Österreichische selbst dominiert auch dort, wo es sich engstirnig oder selbstgefällig artikuliert.

Wer ohne Zorn, aber mit Schmerz auf dieses Jahrhundert zurückblickt, die wechselnde Bestimmtheit seiner Landsleute – einmal himmelhoch jauchzend patriotisch, dann rot, schwarz oder braun fanatisch, oft anpasserisch bis zum Charakterverlust – und die gleichen Landsleute schon wieder enttäuscht auf ihren Anschluß an Europa blicken sieht, wird sich etwas Skepsis erlauben. Der verlautbarten Nation könnte eher der Stellenwert zukommen, den sich schon vor fast zweihundert Jahren, auch in einer Umsturzzeit, Joseph von Hormayr davon für den Kaiserstaat versprochen haben mag. Trotz Metternich und dem Übervater Franz Joseph reichte es nicht aus, mehr Gefühl schicksalhafter Zusammengehörigkeit zu schaffen. Die Monarchie war damals freilich ein Vielvölkerstaat und der Nationalismus sein Belagerer.

Für 1993 weist eine demoskopische Erhebung 80 Prozent, das wären also vier Fünftel der Österreicher, als überzeugt aus, einer Staatsnation anzugehören. In einer kürzlichen Jugendumfrage fanden die Befragten, wenn es ums Unterschreiben oder um Demonstrationen gehe, wären sie sicher dabei. Für sie und das Land zur Waffe zur greifen, zeigte sich nur ein Zehntel bereit. Das sind Angaben bzw. Stichproben, die für eine Bevölkerung überraschen, deren Soldaten und zivile Mitleidende sich in zwei Weltkriegen und mehreren Bürgerkriegen nicht als gerade drückebergerisch erwiesen. Heute will man von alten Tugenden und

Pflichten nach deren Mißbrauch und da ja alles nur noch relativ scheint, vielleicht selbst in einem Ernstfall nichts wissen. Jedenfalls sagt es die Demoskopie des Augenblicks und der Genuß des eigenen Leben ist gewiß auch in unserem Westen als der Güter höchstes zu respektieren.

Wäre so die ganze Fragestellung zur Identität des Österreichers hinfällig? Man hält sich an die Tatsachen des Alltags und die sind auch, ohne daß man sich erst kurz in der Umwelt umschaut, gut bis zufriedenstellend. Und alles andere, den Territorialbestand überhöhende Idee von sich, das, was Österreich als unersetzlich gelten läßt, alle Bürger hinter sich versammelt, wäre bloßer „Überbau". Für Österreich hat man schon an seiner Gegenwart genug. Zweifel, daß es sich so verhält, sind indes gestattet, auch wenn man öfters staunt, wie führende Politiker des Tages sich kaum dazu artikulieren können. Pathos, vaterländisches, ideologisches, ist unerwünscht, klingt hohl, macht mißtrauisch. Die Österreicher sind da, ähnlich wie die Deutschen, viel ernüchterter als etwa Franzosen oder Italiener. Ihre Seelenbühne wirkt abgeräumt, der Rückzug auf den kleineren Lebenskreis ist im vollen Gange: Verwandte, Freunde, Berufskollegen. Große Organisationen, Apparate, Parteien, ringen indes damit, bei Wahlgängen durch emotionelle Zuspitzungen, attraktive Kandidaten, erregte Existenzsorgen und entsprechende Slogans dieses Volk hinter sich zu bringen. Selbst „corporate identity" dient noch als Mittel dazu.

Eine so positive Selbstdarstellung wirkt gewiß manchmal satt, gemütlich, provinziell. Auch so etwas wie

Boshaftigkeit oder Schadenfreude, diesen oder jenen eben noch Prominenten fertiggemacht zu sehen, beseitigen nicht den Verdacht, damit irgendeinem Trugbild aufzusitzen. Österreich nur eine Art Fliegenfänger für touristische Ansichtskarten-Sammler? Wer einen Haslinger, Roth, Turrini oder eine Elfriede Jelinek als literarische Zeitzeugen nimmt, fühlt sich durch solche Offenbarung darin bestätigt. Wien und Österreich als weitere Umgebung dazu, erweisen sich als Unterschlupf für Sadomasochisten, der Menschenschlag dieser Gegenden voll mordlüstiger Biedermänner oder auf irgendeine „Endlösung" versessener, nihilistischer Verschwörer. Ein bißchen „katholisch" darf da auch immer etwas dabei sein, weil das doch die Leute hier „autoritär" verformt hat.

Ist diese Literatur ein spätes Abstottern moralischer Schuld mehr noch als materieller Wiedergutmachung? Rache der Kindergeneration an Eltern und Großeltern, von denen diese oder jene bei der „Partei" waren? Zyniker bieten als einfache Erklärung heimische Abdeckung einer Marktlücke für bundesdeutsche Grusellektüre an, vielleicht gar als Revanche zur Entschuldigung der Österreicher. Hitler habe es immerhin erst drüben zu etwas gebracht und sie selbst seien als dessen erstes Opfer deswegen befreit worden. Seelenforscher könnten ein Stück Selbsthaß ermitteln, Literaturhistoriker ergrübeln: Nein nein, die Autoren möchten etwas Positives: durch Rundumschläge, die Landsleute von der Last der Kontinuitäten, gemeint ist, von ihrer Geschichte zu befreien.

Ein Thomas Bernhard wird heute als genialer Übertreibungskünstler wider heimische Lebenslügen klassifiziert und das wohl im Engpaß zu einer anderen Epoche der Republik auch zurecht. Und ein Handke hat sich von der Sozial- und Zeitkritik literarisch in andere Regionen abgesetzt. Was soll mit dieser neuesten Steigerungsstufe dann eingemahnt werden? Hitler und seine Kumpanen mitten unter uns und deren Enkel als Kreationen eines noch unerschöpften Schoßes vorzuführen? Als „Vergangenheitsbewältigung" zur Stiftung besserer Identität als der geschichtlichen, wäre ein solcher Versuch kaum ein Beitrag zu glaubwürdiger Umkehr. Auf Provokation, die sich rasch abnützt, folgten Langeweile und dann erst recht Abstumpfung. Peymanns Burgtheater hat es als Aufklärungsstätte in diesen Jahren der heimischen Öffentlichkeit geradezu exemplarisch vorgeführt. Und Christoph Ransmayrs mystifizierende, sprachlich faszinierende Romane oder Robert Schneiders „Schlafes Bruder" machen die negative, ja selbsthasserische Tendenz nicht vergessen.

Der einst bürgerlich-bäuerliche Sektor in der Bevölkerung hält sich im kulturellen Leben an das Traditionsgut in Musik, Oper, Operette, Literatur. Selbst dort, wo die Moderne stärkeren Zuspruch findet, herrscht doch für die Öffentlichkeit der Eindruck vor, das zeitgenössische Denken, Dichten, Komponieren, Malerei und Skulptur finde seine Vorkämpfer und Förderer nur links von rechts. Da die aufwendigen Staatsbühnen, Philharmoniker, Festspiele, das Reservat für Lehre und Forschung an den Universitäten – dort alles andere, mit dem aber die Zeit als Zukunft schwanger geht, jedenfalls gehen könnte. Ein Stück kultureller Hegemonie?

Der erste Rang für „Gehirnwäsche" durch Zeitgeist ist längst von dieser Linken besetzt. Seit Entideologisierung nennen sie sich lieber liberal, linksliberal oder einfach kritische Intelligenz. In geschickter Kooperation mit ihresgleichen in der Medienmacht und versorgt aus öffentlichen Haushalten fühlen sie sich als Wächter für den „antifaschistischen Konsens". Da finden sich Literaten, „Staatskünstler", wie ein Jörg Haider sie verspottet, Chefs an kulturpolitischen Schaltstellen und entsprechend reich sind die Möglichkeiten zu wechselseitiger Förderung wie auch an Druckmitteln. Bürgerlich ist danach Hochkultur mit Klassencharakter, präfaschistisch bis nazoid wird man bei solcher Sprachregelung leicht.
Das zeichnet ein Bild von Österreich, das in dem des wirklichen Alltags kaum unterzubringen ist. In dem halben Jahrhundert hat sich die Gesellschaft neu strukturiert, hin zu einem breiten, in sich differenzierten Mittelstandsband. Dessen wichtigstes Element sind die Dienstleistungen, sei es als Beamte oder Angestellte mit fast einer Million. Sie sind direkt oder indirekt im öffentlichen Sektor tätig. Das bäuerliche Österreich ist in seinem Bestand auf ein Drittel reduziert, die Industrialisierungswelle wieder abgeflaut, die Arbeiterschaft als „Klasse" Vergangenheit, dagegen der Aufstieg der Frau auch kraft eigener Vitalität im Berufsleben, nicht in der Politik, vollzogen.
Der Unterschied von Stadt und Land hat sich abgeschwächt, nicht aber die landsmannschaftliche oder regionale Fragmentierung innerhalb der Republik. Die Bundesländer haben im Vergleich zu Wien aufgeholt, als „Provinz" fühlt man sich dort schon lange

nicht mehr. Verschwunden bis auf wenige Reste sind die alten Eliten, eine neue hat sich als vollendete Pyramidenspitze bisher nicht eingefunden. Ausbildung und Formalbildung haben in diesen Jahrzehnten die Basis rasch verbreitert und damit auch die erforderliche Intelligenz für ein modernes Gemeinwesen gesichert. Der Niveauverlust im politischen wie kulturellen Leben überhaupt ist indes unverkennbar, auch wenn die Zwischenkriegszeit mit ihrem Nachsommer in Wissenschaft, Literatur und Kunst gewiß nicht als Maßstab herangezogen werden darf. Im Selbstanspruch an sich ist Österreich bescheidener geworden, zum Trost sagt man seit längerem dazu: eben gesundgeschrumpft.

Nicht wenige Landsleute gibt es, die sich auf ihre privaten Lebensverhältnisse zurückziehen, selbst so etwas wie eine innere Emigration zeigt sich und wäre das nur, offizielle Veranstaltungen oder Schickeria-Treffen zu meiden. Kassandra-Botschaften oder Horrorszenarien blendet man aus, ignoriert selbst, was „Täglich alles" ausmacht. Wozu? Was kann ich ändern? Für das Selbstverständnis im Durchschnitt dienen als Identitätsstützen, daß es einem doch gut geht, die soziale Sicherheit ihr Netz ausbreitet, der Schilling der Schilling bleibt wie die DM die DM. Und für die neuerdings wieder politisch bedrohliche Umwelt verspricht die Neutralität manchen immer noch einen Schutzschild – Weltgeschichte, bitte, „ohne uns".

Längst hat dieser Österreicher vergessen, daß die Erklärung der immerwährenden Neutralität, hätte es 1955 eine Volksabstimmung gegeben, vermutlich ohne Akzeptanz geblieben wäre. Das zu akzeptieren, galt als sowjetisches Diktat, um überhaupt zum Staatsvertrag zu kommen. Auch in der Regierung gab es erhebliche Bedenken, die Neutralität könne im Zeichen des Kalten Krieges noch zur Schlinge um den Hals des eben frei werdenden Landes werden. Trotz kritischer Situationen bei der Volkserhebung in Ungarn (1956) und nach der Sowjetintervention in der Tschechoslowakei (1968) gelang es, eine freilich faktisch von der NATO abgedeckte Neutralität in eigenständiger, selbstsicherer Politik im Großen und Ganzen auszuprägen. Und für alle Fälle war man gleich nach 1955 den UN beigetreten.

So legte man sich diese Neutralität als eine Art Garantie zurecht, von der riskanten Weltpolitik unbehelligt zu bleiben, Verteidigungs- und Sicherheitspolitik anderen zu überlassen und sich selbst dem Aufbau des neuen Wohlstandes zu widmen. Neutralität war indes in der ferneren und näheren Vergangenheit diesem Land ein unbekannter Zustand, zu sehr lag Österreich immer im Schnittpunkt von Machtinteressen. Leicht ließ sich die Lehre der Geschichte und damit die Voraussetzung einer solchen Neutralität in der Gegenwart übersehen – Österreich als toter Winkel im Kalten Krieg. Im Vergleich mit der Ost-West-Konfrontation in Deutschland war es für die Weltmächte vernachlässigbar, selbst den Sowjets galt eine Konzession wie der Staatsvertrag eher als Spielmaterial im größeren Feld. So festigte sich die Meinung, diese Neutralität sei das eigentliche Kapital der Zweiten Republik, mit dem sich in jedem Entspannungsmoment für Wien etwas herausholen ließe. Daher legte man, nicht gerade zur Freude Washingtons oder Bonns, auf korrekte bis gute Beziehungen zur Sowjetunion, zu den Volksdemokratien, besonders der DDR, wert. Das sollte sich auch wirtschaftlich auszahlen.

Die Ära Kreisky hatte das Selbstgefühl Österreichs und seiner Bewohner noch weiter gemehrt, die Kosten dafür standen erst ab Ende der achtziger Jahre zu Buch. Psychologisch war aber der Sprung im heimischen Porzellan schon früher zu sehen, bald sollte er im europäischen Szenenwechsel die prowestliche, aber neutrale Republik mit dem eigenen Stellenwert konfrontieren. Es war ihre Behandlung zur und nach der Wahl Waldheims, die zum weiteren Lehrstück wurde. Denn der angeblich so stabile, brave Publikumsliebling vor dem Stacheldraht des Sowjetlagers, sah sich nun in konzertierter Aktion von Kabinetten und Medien als „brauner Typ" in Verruf gebracht. Daß sich ein Zusammenspiel zwischen SPÖ und Einpeitschern in New York, Paris oder London vermuten ließ, weckte erst recht Abwehrgefühle, inneren Hader und Verdacht auf Konspiration.

Waldheim hatte sich nicht gerade mutig und auch nicht sehr geschickt verhalten, doch den Popanz, als der er nun aufgebaut wurde, konnte selbst sein heimischer Gegner nicht ernst nehmen. Wurde die Republik etwa bestraft, weil damit der bundesdeutschen Szene eine Warnung zuteil werden sollte? Was lief zwischen der Linken und Relaisstationen anderswo? Was sich in diesen Monaten ereignete, gab Illusionen von einer „Insel der Seligen" und dem Liebkind in Ost und West den Rest. Die Regierung Sinowatz/ Steger mußte den Hut nehmen, die SPÖ sich unter Vranitzky auf einen längeren, absteigenden Weg um-

stellen. Ihr altvertrauter Partner sah sich dafür wieder mehr geschätzt. 1994 brachten die FPÖ, die Grünen und Heide Schmids Liberales Forum eine andere Mandatsverteilung ins Haus.
Doch trotz mancher Craqueléssprünge im heimischen Geschirr glänzte immer noch Österreichs Neutralität als sein Sonderstatus. Weder unter dem Eindruck des Falls der Berliner Mauer, noch der Umwälzung in Osteuropa, verlor diese „Identitätskarte" für den Normalbürger an Wert. Sarkastisch las man in Kommentaren: Wir profitieren von allem, sind aber bei nichts dabei. Nun, dem Zwang zur Veränderung nachzugeben, wie sie ein Aktwechsel, ein Lebensabschnitt mit sich bringen, liegt nicht gerade in der Natur des Österreichers. Die Jüngeren unter ihnen, vor allem die, die schon länger im Ausland, etwa in Amerika waren, tun sich da heute schon leichter. Es muß viel passieren, sich aufstauen, ehe sich größere Reformen, auch nur ein Umdenken aufdrängen. Der konservativ gestimmte Volkscharakter hat gewiß für die gerühmte Lebensqualität seine Bedeutung, in verspäteter Reaktion auf die Außenwelt kann das kostspielig werden.
Stück um Stück, zögerlich, auf Umwegen kommt man doch auch zum Ziel? So vollzog sich der Anlauf zum Europäischen Wirtschaftsraum, dann zur Europäischen Union und nun schiebt sich die in der Agenda-Mappe zurückbehaltene Frage vor, wie Österreich sich seine künftige Sicherheit vorstellt. Ob da nicht der einfache Weg der wäre, der NATO beizutreten, sind doch auch die Unionspartner dort längst verankert? Ist man nicht selbst schon der „Partnerschaft für den Frieden" beigetreten? Den ost- und südosteuro-

päischen Nachbarn ist das, mit Polen voran, längst ein Hauptziel, die Zeiten sind ungewiß. In Wien redet man dazu immer wieder mit mehreren Zungen: Zeit gewinnen, erst die Enttäuschung über den ausgebliebenen Preissturz – ein paar Monate nach EU-Beitritt – sich beruhigen lassen. Bitte warten, bitte warten! Erst wenn ein europäisches Sicherheitssystem einmal vorliegt, würden wir uns das in Ruhe ansehen.

Wir kommen immer noch zurecht – der Satz steht weiter im Raum. Was auch stimmt im Jahrhundert-Rückblick, nur so wenig erfreulich wie fatal. NATO oder nicht, Neutralität als Lebensversicherung oder Produkt einer flüchtigen Zeit und wechselnder Umstände? Die Stimmen unter den Koalitionpartnern gehen durcheinander, selbst der Bundespräsident wird vom zweiten Mann der Republik zu mehr Zurückhaltung angemahnt. Daß die Republik nicht Ja zu Europa sagen, zu dessen (und damit seiner) Verteidigung mit den Schultern zucken kann, paßt in das Bild, das man anderswo von Österreich hat. Wien vertrödle die Zeit, und das Taktieren sei an der Donau schon der Inhalt von Politik. Und muß man dann einmal doch, nährt das nur weiter den Eindruck, keines wirklich eigenen Entschlusses fähig zu sein.

Ein weiteres, nicht minder Fehler-, nein Schuldhaftes, läßt sich dabei erkennen: als verantwortliche Regierung über Jahre des Umbruchs der europäischen Szene geduldet zu haben, daß die Neutralität wie ein Narkotikum gegen Lebensunfälle aller Art ausgegeben wurde. Parallel dazu wurde ein Anschein von Wehrbereitschaft verbreitet, obwohl das Bundesheer zwar die Söhne rekrutierte, für deren moderne Ausrü-

stung aber das Geld lieber in „soziale Landesverteidigung“ investierte. Da hatte man wenigstens bei der Wählerschaft etwas davon.
Neutralität reicht sowenig zum Inhalt einer flexiblen, provisorischen Identität, wie die Nationalität seiner Bewohner, Wohlstand und soziale Sicherheit finden sich auch anderswo. Und die Angst vor Überfremdung ist als Mittel dazu so wenig hilfreich wie der Negativismus in intellektuell-liberalen Zirkeln. Damit werden Tagesfragen immer wieder unter dem Titel Vergangenheitsbewältigung subsummiert und affektiv ein Zustand gehütet, der den Wunsch vieler, es müsse endlich zu einem „Schlußstrich“ kommen, erst recht fördert.
Österreich hat sich 1918, 1938 und folgend aus Katastrophen wieder gefunden, heute modern, desillusioniert und im Möglichen, Erreichbaren eingerichtet. Der Zusammenstoß mit der Realität rief erst einen Schock hervor, dann die eigenen Kräfte herbei, das „felix Austria“ ließ sie noch einmal gewinnen. Reicht das für die nächste Zukunft aus, mitten im Umbau des Welttheaters? Von Sarajewo bis Sarajewo ist Europa nicht einiger, handlungsfähiger, aber immerhin wenigstens zu einem Markt geworden. Kriege wie im Kaukasus oder auf dem Balkan lassen diese Alte Welt allerdings nur noch älter erscheinen.
Die Diskussion um Österreichs Identität ist mit dem Hinweis auf Erreichtes nicht schon beantwortet. Identität ist ja kein Betonblock, den die Jahrhunderte auftürmen. Im Rückblick auf das alte Österreich geht diese Identität zu den historischen Akten. Was die Zweite Republik betrifft, bleibt sie offen dafür, was sei-

ne Bürger ihr und sich erringen. Mit Verwestlichung oder Wohlstandszahlen ist nicht entschieden, was es darüber hinaus von sich hält. Was es unter neuen Umständen aus sich macht, dafür sich mit all seinen Kräften einsetzt, das erst entscheidet.

Das ist die Ausgangslage und die der Staatenunion, zu der Österreich nun zählt. Beschäftigt mit Rivalitäten und Konkurrenzen aus dem Rückstand des vorigen Jahrhunderts, will man den vor uns liegenden Engpaß kaum wahrnehmen. Nun, ein Jahrfünft noch und schon endet dieses zwanzigste Jahrhundert. Und was ist, gilt nur bis auf weiteres.

DIE ORGANISIERTE GESELLSCHAFT

Der Generationswechsel wird das Land zwischen Neusiedler- und Bodensee voraussehbar mehr verändern als in den letzten Generationen zuvor.
Nehmen wir dazu einmal Dreißigjährige an, die etwa um 1965 geboren wurden.
Sie finden im Berufsleben, mit ihrer Beziehung zur Politik, in der Einstellung zur Zukunft, bei ihrer Karriereplanung wie ihren Glückswünschen ganz andere Lebensmuster vor als ihre Eltern. Die wieder sind als späte Kriegs-, frühe Nachkriegskinder von der Zeit ihres Heranwachsens geprägt worden. Zu deren Erfahrung zählte, der Vater gefallen oder lange in Gefangenschaft, Geschwister verloren, nach den Nazis

die Entnazifizierung, Besatzungszeit, Not und Hunger, bis sich wieder ein Dach über dem Kopf, Arbeit und Einkommen einstellten.
Es war ein existentieller Ausnahmezustand, der diese Kriegsgeneration prägte. Und wenn die „68er-Generation" zum Begriff wurde, erinnert das an die Unruhe an Deutschlands und Frankreichs Hochschulen, den leidenschaftlichen Wunsch der Jungen nach einem alternativen Leben. Ihr Protest richtete sich gegen das Restaurative, dessen sich die Väter bei Wiederaufbau und repräsentativer Demokratie, wie sie meinten, schuldig gemacht hätten.
Wie sich schon in jeder drei-, vierköpfigen Familie, erst recht, wenn Enkel dazukommen, erfahren läßt, sind es die bestimmenden Erlebnisse der Zeit, in der der Mensch zum Erwachsenen wird. Sie machen sich in diesem kleinen Umkreis schon als Generationskonflikt, da heftiger, dort schwächer bemerkbar. Je mehr sich das Zeittempo im materiellen Fortschritt, in der Beschleunigung des Ablaufs erhöht, umso leichter kann sich da Entfremdung, Sprachlosigkeit untereinander, ja Abkehr voneinander einstellen. Das Thema gehört von der Bibel und ihrem „verlorenen Sohn" bis zur Literatur von heute. Es ist kein im Kopf erklügeltes, sondern ein Stück harte, schmerzliche Lebenserfahrung von jedermann.
Nach längerem erst, auf Umwegen, über die Enkel mag man sich später besser verstehen und nahe kommen. Aber wo gibt es überhaupt noch größere Familien in ständigem Lebensaustausch? Selbst auf dem Land, wo der Hof, Arbeit und Ausgedinge zusammengezwungen haben, zeigt sich die traditionelle

bäuerliche Lebensform angegriffen und gar erst im städtischen Milieu bereits liquidiert. Oft ist die Familie nur mehr eine Durchgangsstufe, nach der sich die Lebenswege trennen und allenfalls nur an runden Geburtstagen oder am Muttertag bringen sie Alte und Junge zusammen.

Solche Hinweise lassen den Sprung eines Generationswechsels auch bei uns ahnen. Österreichs Gesellschaft ist in diesem Jahrhundert mehrmals durcheinandergewürfelt, dezimiert, umgeschichtet und in Gestalt der Zweiten Republik wiederbegründet worden. Die Kämpfer und Opfer aus den Bürgerkriegen zuvor entstammten dem Untergang der Monarchie. Viele fanden im „Rest" keine Zukunft mehr für sich, doch was sich in dem Kompromiß der Verfassung ex 1929 durchsetzte, hielt bloß vier Jahre. Es wurde vom Ständestaat abgelöst, als Hitlers Machtergreifung in Berlin Österreichs Eigenständigkeit bedrohte. Die neue Republik, die es heute Schritt um Schritt mit den Dreißig- bis Fünfunddreißigjährigen zu tun hat, ist ein so anderes, so verwandeltes, sozial abgesichertes, für viele – offen oder versteckt – reiches Gemeinwesen, daß diesen Nachfolgern im öffentlichen Leben wie im Alltag eigentlich keine anderen Probleme zufallen sollten als daß man da unter dem Imperativ, sich nichts abgehen zu lassen, über die Verhältnisse gelebt hatte.

Was könnte da zu einer Erprobung – sozial zum Ernstfall werden?

Not gibt es keine zu verteilen, keinen militanten Kampfverbänden zu begegnen, der innere Friede ist nicht bedroht, Streiks sind eine Rarität. Scharfe Töne da oder dort, Haiders und seiner Freiheitlichen Attacken, Rumoren der Grünen erschrecken nicht den Bürger, werden aber von den Medien dankbar-polemisch genutzt. Nur der Bürger – der Citoyen, nicht der Bourgeois! –, wo ist der abgeblieben? Beim Citoyen müßte ja die stets mobilisierbare Reservearmee einer liberalen wie sozialen Verfassung stehen.

Marx wollte als Bourgeois den Besitzbürger, im späteren Jargon den „Kapitalisten" verstehen, anders als eben den Citoyen. Der sieht die staatliche Gemeinschaft als seine Sache an, Teilnahme am öffentlichen Leben gilt ihm als selbstverständliche Einmischung in sein eigenes Leben. Sind die Ausgebeuteten, Unterdrückten von einst nach dieser Sprachregelung „bourgeois" geworden und bleibt der Citoyen, unter dem, wenn schon nicht Besitz-, so jedenfalls Konsumbürger ein Auslaufmodell im Wohlfahrtstaat?

Fängt man bei solcher Betrachtung der Gegenwart etwas nachzudenken an, ist man bald bei der Frage: Was wird dann aus der Gesellschaft in diesem Land?

Befindet sie sich etwa im freien Fall oder nur dabei, sich zeitgemäß, aber immerhin eigenständig in neuen Strukturen zu etablieren?

Eine aus einer langen Vergangenheit angelegte, ständisch gegliederte, zuletzt bäuerlich-bürgerlich mitbestimmte Welt als „Haus" und mit dem Kaiser in Vaterrolle als Ordnung legitimiert, ist längst ins Kulissendepot abgetragen worden. Diese Idealkonstruktion lebt bei manchen noch als Wunschbild nach, doch mit dem Zusammenbruch ging die Initiative an die Sozialdemokraten über, die die Arbeiterschaft voll auf das politische Feld führten. Das bäuerlich-bürgerliche

Element wurde Gegenspieler, die städtische Intelligenz und die Beamten gruppierten sich mehr um die Deutsch-Liberalen. Was davon Hitler und den nächsten Weltkrieg überdauerte, formierte die Zweite Republik mit seinem Konkordanzstreben und seiner Sozialpartnerschaft. Ein kundiger Blick mochte manches darin aus der Statik ständisch-autoritativer Lebensmuster von einst wieder erkennen.

Die Republik festigte sich als Demokratie und Wohlfahrtsstaat. Als solche fand sie das Gefallen der Staatsgenossen und besaß genug an Apparat und Methode, diese nicht durch allzuviel Mitbeteiligung an der Tagespolitik zu überfordern. So wuchs eine neue „politische Klasse" in Wien wie in den Bundesländern heran – eine Funktionärselite. Sie durchsetzte über die Kammern, verstaatlichten Industrien, Banken, das Versicherungswesen usw. den ganzen sozialen Körper. In der Personalpolitik war für den „Proporz" gesorgt, Seilschaften und Fördergemeinschaften zu Behauptung und Ausbau der Macht machten Schule. Indes profitierte durch enorme soziale Transferleistungen, die sogenannte Umverteilung, auch die breite Masse vom wirtschaftlichen Zuwachs.

Was in diesen Jahrzehnten des Aufstiegs als weitere Demokratisierung ausgerufen und durchgesetzt wurde, kann dann im Rückblick fast wie ein Fixierbild erscheinen. Im Effekt ergab es nämlich eine „Verstaatlichung" dieser neu strukturierten Gesellschaft durch immer stärkere Abhängigkeit bzw. Versorgung des Einzelnen in seinen Bedürfnissen, je nach Lebensstufe. Anstelle einer durch Herkommen, Wissen, Charakter oder Leistung rekrutierten Elite festigte sich eine

Oberschicht aus Funktionären, Beamten, gelegentlich auch Quereinsteigern.
Vor langem galt die Bezeichnung „Berufspolitiker“ noch als klagbar, heute umschreibt sie nur einen Zustand. Er ergibt sich aus der Tatsache, daß nicht nur das Tagesgeschäft im öffentlichen Leben, auch die Anforderung, seiner Partei und sich das Machtmandat zu erhalten, eine volle Arbeitskraft beanspruchen. Dazu kommen der Kontakt mit der Lokalorganisation, die Wachsamkeit beim inneren Ausscheidungs-, Abstiegs- oder Aufstiegskampf in Fraktion und Partei sowie in der Hauptrolle als Intervenient für Wählergruppen. In einem so vielfältigen, von der Tagesaktualität weit mehr als Leitlinien zur Zukunft beanspruchten Leben, das mehr vom Kärrnerdienst in Ausschüssen und Ministerien als in Rede oder nach Inhalt bei großen Auftritten im Plenum besteht, entgilt dafür nebst Pension oft zusätzlich als Absicherung eine spätere Versorgung in Wirtschaft oder öffentlichen Bereichen.
Unter den Bedingungen unseres Alltags scheinen die erneute, nun demokratisch abgesegnete Verstaatlichung der Gesellschaft ebenso wie die Professionalisierung der Politik als unvermeidlich. Wenn trotzdem sich bei solcher Würdigung gelegentlich das Gefühl eines Leerlaufs einstellt, muß man mehr ins Detail des Zustandes eingehen. Vorauszuschicken ist dabei, daß die Ideale des bürgerlich-liberalen Verfassungsstaates, als Blaupause darüber gelegt, nicht zur Kritik genügen. Der Österreicher, die Österreicherin, mit denen wir es heute zu tun haben, sind nicht auf dieses Modell zurück zu dressieren, das den Gründervätern in

der kurzen Zeit des Konstitutionalismus vorschwebte. Und Verdruß in der Gegenwart bzw. Nostalgie ignorieren da vieles, was schon damals, zu Anfang auf Mißbrauch, Demagogie oder Korruption zulaufen konnte. Österreich war einmal ein Bauernland mit ein wenig Bürgertum aus Handel, Schule und Wissenschaft, zusammen mit dem Klerus unter der Glocke eines Feudalregimes, das um den Hof zentrierte. Der Staat von heute ist in der Beschäftigung seiner Menschen in Land- und Forstwirtschaft auf ein Viertel zwischen 1951 und 1991 eingeschrumpft. Zuerst handelte es sich noch um fast ein Drittel aller Beschäftigten. Der sogenannte sekundäre Sektor von Energie bis Industrie umfaßt 1991 trotz verspäteter, dann abgebremster Industrialisierung 37 Prozent der Berufstätigen. Sprunghaft angestiegen ist aber der tertiäre Sektor, der der Dienstleistungen. Unter ihm ist alles zusammengefaßt, was im Handel, Fremdenverkehr, Bank- und Kreditwesen und in den öffentlichen Diensten von der verwalteten Welt benötigt wird. Von weniger als 30 Prozent stieg dieser Sektor um mehr als das Doppelte an. Heute finden etwa 53 Prozent der Berufstätigen dort ihr Einkommen.

Die Abwanderung aus der Landwirtschaft (samt ihren Nebenerwerbsbauern) hat die Urbanisierung des Lebens vorangetrieben und die Landschaften tief verändert. Aus Höfen und kleinen Wirtschaften entstanden oft Zweitwohnsitze, Tourismus, Autobahnen, Straßen, Skipisten. Verhüttelung und Bodenspekulation haben den vertrauten Anblick Österreichs in seiner Vielfalt verändert. Unter diesem Modernisierungs- und Kommerzialisierungsschub liegt vieles begraben.

Natürlich gibt es immer noch Oasen der Ruhe, Geheimtips im Wald- oder Mühlviertel, nicht jeder Zwei- oder Dreitausender ist von einem Hotel gekrönt, nicht alle Seeufer sind von Betonklötzen umstellt. Der Verwertung der Natur scheint indes nur dort eine Grenze gesetzt, wo das Geld ausgeht oder Bürgerinitiativen nicht nur lokalen Besitzegoismus zum Vater haben.
Die endlosen LKW-Kolonnen, die vom Personenwagen in den Verkehrsstrom Mitgerissenen, sind nicht nur im Unterinntal, an den Übergängen nach Norden oder Süden an der Tagesordnung. Die Fernstraßen nach dem Südosten und Nordosten werden für weitere Überlastung sorgen, ohne daß dafür ein anderer Trost vermittelt werden könnte, als daß die Bahn doch einmal eine fühlbare Verlagerung ermöglichen, eine Wirtschaftsflaute etwas Atempause verschaffen wird. Die brutale Dynamisierung unseres Lebens spielt sich vor der Haustür vieler ab. Wer am Wiener Gürtel oder an Ausfallsrouten der Landeshauptstädte und Industriezentren wohnt, weiß schon heute, wie man sich einen Verkehrsinfarkt vorzustellen oder in einem Lärm- oder Abgas-Inferno zu überleben hätte.
Mit welcher Wucht auch die Modernisierung im Beruf- wie Alltagsverhalten über die Österreicher gekommen ist – eine soziale Umpflügung hat sie nicht herbeigeführt. Das Land ist im Wechsel von Hochgebirge, Hügeln, Ebenen, Flüssen und Seen so vielfältig aufgebaut, daß schon die Oberflächengestaltung der Natur dämpfend und ausgleichend wirkt. Die Anpassung an den westlichen Stil hat sich so nicht in Nivellierung umgesetzt. Unbeschadet dessen haben manche Züge in der Physiognomie des Österreichers an

Individualität verloren. Es hieße, sich selbst belügen, um nicht aus dem Klischee des lebensfröhlichen, charmanten Bewohners dieser Landstriche zu fallen, dieses Gewöhnliche, zuweilen Ordinäre zu ignorieren. Es entgeht heimischen wie fremden Beobachtern nicht, wir spielen gerne Hochkultur und fühlen uns durch die internationale Würdigung der Rolle des Vorkriegs-Wiens geschmeichelt. Vieles ist bloß Maske und Schminke und der ominöse „Herr Karl" nicht nur in Wien, sondern auch anderswo zuhause.
Woran soll man sich auch halten, um zu wissen, was sich für einen erzogenen, in Muttersprache und Allgemeinbildung nicht heruntergekommenen Menschen gehört, mag auch Ellbogenarbeit im Fortkommen nicht ganz zu entbehren sein? Was zum bürgerlichen Anstand zählte, zeigt sich mit dem Hinschwinden des sozialen Substrats auch in der öffentlichen Verhaltensnorm geschwächt.
Bürgerlich ist als hohler, leerer Anschein lange genug abgetan worden, gewiß nicht immer zu Unrecht, als kultureller Selbstanspruch und Lebensstil ist es veräußerlicht. Auch die Arbeiterschaft ist als Klassenbegriff wie als soziale Formation schon Vergangenheit. Das Heer der Beamten und Angestellten dominiert das Leben dieser Gesellschaft, Fackelträger irgendeiner Zukunft als der, die wir aus Orwell kennen, ist dieses Aufgebot nicht.
Eine weitere, einschneidende Veränderung ist schon unser Alltag. Sie betrifft die Rolle von Mann und Frau im Erwerbsleben und greift von daher auf die gesamte Sozialstruktur und das Selbstverständnis in der Geschlechterrolle über. Die Frau als häuslicher Annex des

Mannes, als Mutter, Hilfskraft, Lebensgefährtin oder Geliebte gehörte einst zum praktischen (oder romantischen) Vorstellungsinhalt. Auch wenn der laute Feminismus des Tages weiterhin zur Überwindung der Männerherrschaft, zu Geschlechterproporz vom Parlament bis zum leitenden Personal aufruft – die Frau hat sich im Erwerbsleben bereits ihre Stellung errungen.

Und das vor allem im tertiären Sektor, dem der Dienstleistungen also. Hier nähert sich das Verhältnis von Mann und Frau langsam schon Eins:Eins. Und die immer noch für eine größere Familie unentbehrliche, deren Seele geradezu hütende Hausfrau? Sie ist in der Sozialstatistik nicht erfaßbar, eben sozialrechtlich keine Kategorie. Ihr Ausfall oder die Frau in doppelter, ja dreifacher Funktion, nebst Hausfrau und Kindern auch noch im Beruf, überfordert viele und erst recht die Familie. Um die steht es in der Gesellschaft von heute entsprechend schlecht.

Die Mobilisierung der Frau für das Erwerbsleben hat viele Ursachen, zunächst, daß der erwünschte Lebensstandard vom Auto bis Eigenheim meist das Verdienen beider Teile erfordert. Auch weiß sich die Frau durch den eigenen Beruf in ihrem Selbstgefühl bestätigt. Sie kann sich ferner durch ihre Bildung heute eine sozial bessere Position sichern und fühlt sich so darüber hinaus auch unabhängig. Diese Entwicklung in wenigen Jahrzehnten wirft freilich auch ihre Schattenseiten. Als Opfer immer verfeinerter „Arbeitsteilung" wie des Individualismus als Lebensstil ist die Ehe als dauerhafte, auf Nachwuchs und dessen Erziehung eingestellte , also auch mit Opfer und Verzicht verbundene Einrichtung in eine tiefe Krise geraten.

Ohne Übertreibung läßt sich ein Zellzerfall im Gesellschaftskörper selbst beobachten. Er bedroht dessen Zusammenhalt bis hin zu dem sogenannten Generationenvertrag. Unter ihm versteht man, daß die arbeitsaktive Generation die der Kinder und der aus dem Erwerbsleben Ausgeschiedenen finanziert. Staatliche Hilfsmaßnahmen, wie mehr Tagesmütter, Kindergärten, Ganztagsschulen und ähnliches wirken in der Auswirkung so, wie wenn eine Gesellschaft auf Krücken zu gehen beginnt und darüber das Lernen aus Zusammenleben verlernt.
Pro Österreicher weist die Statistik eine weiter sinkende Geburtenrate aus. 1993 lag sie bei 1,51 Kind, dreißig Jahre zuvor noch bei 2,82. Um den Österreicher laut dieser Zahlenaufstellung nicht aussterben zu lassen, müßte die Fruchtbarkeit den Wert von 2,1 Kindern erreichen. Die Fruchtbarkeit der Zuwanderer liegt dagegen mit 13,6 Prozent aller Neugeborenen hoch. Soweit diese Asylanten bleiben und sich mit ihren Kindern und Kindeskindern integrieren, helfen sie derzeit über die negative Bevölkerungsbilanz hinweg.
Die Krise der Ehe als Institution bekräftigen auch andere Indikatoren, etwa die hohe Zahl unehelicher Geburten. Sie näherte sich 1994 fast einem Drittel der ehelich Geborenen. Zu dem Bild paßt, daß derzeit ein Drittel der Ehen geschieden wird und daß der darauf klagende Teil mit über 70 Prozent bei der Frau liegen soll. Und im übrigen heiratet man auch später, gleichzeitig nimmt die Zahl der Alleinlebenden, der Singles, wie im ganzen Westen zu. Viele ziehen ihre persönliche Unabhängigkeit einer dauernden, verpflichtenden Lebensbindung vor.

Die Trends in der Gesellschaft von 1995 haben ihre Vorgeschichte in den siebziger Jahren. Sie akkumulieren die Effekte der Wohlstandsphase. Damals begann man sich vom generativen Verhalten, das Kriegsverluste, Notzeit und Wiederaufbau dennoch gestärkt hatten, abzuwenden. Einer individuellen, unbelasteten Lebensgestaltung wurde bei der Vielfalt der Angebote nun der Vorzug gegeben. Statistische Ergebnisse sind noch keine moralischen Bewertungen, auch schließt ihr Verlauf über Jahrzehnte nicht Wendungen durch innere oder äußere Einwirkung aus. Im Auf und Ab dieses Jahrhunderts haben die Österreicher solche schon mehrmals erfahren.
Ist man sich solcher Relativität einer Zustandsbeschreibung bewußt und zieht ausgehend davon prospektiv Linien in die Zukunft, ließe sich nach einer Studie des Instituts für Demographie der österreichischen Akademie der Wissenschaften Folgendes erwarten: Derzeit umfaßt die Jugend im Aufbau der Gesellschaft, das betrifft die 15- bis 24-jährigen, 15 Prozent der Gesamtbevölkerung, setzten sich indes die erwähnten Trends fort, würde der Anteil dieser Jugend bis 2030 auf ein Zehntel abgeschmolzen sein.
Gegenläufig zu dieser Basis der Alterspyramide verhält sich eine andere, an sich erfreuliche Nachricht, daß nämlich die Österreicher mit Hilfe von Medizin, Gesundheitsvorsorge und häufiger Frühpension immer älter werden.
Unter Annahme der niedrigen Fruchtbarkeits- und Sterblichkeitsraten könnte die Zahl der über sechzigjährigen Staatsbürger bis zur Mitte des nächsten Jahrhunderts auf über die Hälfte der Gesamtbevölkerung

steigen – welche Zerreißprobe für den Generationenvertrag! Auch bei nur teilweisem Eintreten einer solchen Entwicklung kann sich jedermann ausrechnen, welche Folgen das hätte. Die im Erwerbsleben aktiven Jahrgänge würden revoltieren, das soziale Netz reissen. Ob weiter wachsende Produktivität entlastet, bleibt zweifelhaft. Die andauernde Arbeitslosigkeit in Österreich wie in der deutschen Nachbarschaft zeigt ja, daß mit höherer Produktivität auch, unbeschadet von der Konjunktur, ganze Kohorten von Stellen in Industrie und Wirtschaft auf Dauer freigesetzt werden.

Was wir als „Verstaatlichung der Gesellschaft", ihrer in jedem Lebensabschnitt wirksamen Vernetzung zum System der Daseinsvorsorge beobachten, muß auch in der Lebensführung des Einzelnen, je nach urbanem oder ländlichem, beruflichem oder Bildungsniveau, Altersstufe und sozialer Einbettung oder Isolierung zur Geltung kommen. Grob skizziert, ist die organisch herangewachsene, aus vielen, sich überlappenden, auch konkurrierenden Lebensbereichen gebildete, also darin auch fragmentierte Gesellschaft bereits abgelöst worden. Doch wodurch?

Durch ein imposantes, auf abstrakte Beziehungen abgestelltes, auf Rationalität und repräsentative Demokratie gegründetes Unternehmen. Auch als Staat funktioniert es wie ein solches. Mit Hilfe von Wissenschaft und Technik, Industrie und Markt hat es auch für die Massen ein bis dahin unvorstellbares Leben organisiert. Wie verhält sich indes der Einzelne in dieser nun schon gewohnten Wohlstandsszene? Wo findet er Glück und Erfüllung? Was gibt ihm in dem per-

manenten Wandel Halt? Was verbindet zum gemeinsamen Ganzen, wenn Geschichte und Kultur an Formkraft verlieren sollten?
Das Innere dieser neuen Gesellschaft von Österreichern läßt sich weder statistisch noch durch Meinungsbefragung ganz erschließen. Was an Daten und jedermann zugänglicher Eigenbeobachtung übrigbleibt, bringt nicht mehr als Vermutungen. Erst im Zusammenhang dessen, was eben skizzenhaft beschrieben wurde, macht es vielleicht wahrscheinlich, mehr als bloß subjektive Eindrücke zu vermitteln. Daß alle in Supermarkets einkaufen, das Fernsehen konsumieren, sich Auto und Freizeit verschreiben, mit billigen Fernreisen eine Weltsicht besorgen, wenig Bücher lesen, dafür Bastler, Computerfreaks oder Techno-Anhänger sind, am Walkman hängen und von der Welt ihrer Eltern sich wenig angesprochen fühlen – was sagt es schon über den Bezugspunkt all solcher Reaktionen aus, über Modetrends oder andere Ersatzbefriedigung bei dem weithin hier, in Europa und Nordamerika beklagten Werteverfall?
Aussteiger finden sich ebenso in der jungen Generation wie Karrieristen, die dazu möglichst rasch ein akademisches Zertifikat benötigen, Leute, die mit ihrer „Beziehungskiste“ angeben und andere, die in einer ständigen Beziehung, in baldiger Ehe gemeinsam nach einem festen Standort in der Unruhe ihres Alltags suchen. Könnte man im großstädtischen, derzeit multikulturell durchsetzten Milieu etwa Wiens für alle Züge solcher Wendung typische Vertreter finden, zeigt sich in den Ländern, in deren Zentren, Gemeinden und Dörfern viel stärker Kontinuität zum Erbe

trotz aller touristisch-modernen Überfremdung. Die „Provinz" von einst fährt dennoch im Zug der Zeit, wenn auch nicht so selbsttätig wie im Labor, ja einem Schmelztiegel wie Wien.
Der familiäre Hintergrund löst sich für die meisten der Jungen bald auf oder reduziert sich auf finanzielle Zuschüsse. Mit dem Abbau der traditionellen Lebensmuster sieht man sich, mehr als zu dieser Altersstufe immer gehörte, darauf verwiesen, selbst seine Erfahrungen zu machen. Das läuft nicht selten darauf hinaus, experimentell zu leben. Die Zeit ist dem, woran sich die Eltern hielten, davongelaufen und man will ja, wie es so heißt, auf Draht bleiben.
Auch wenn man noch studiert und dabei, nimmt man das Studium ernst, erstem Streß begegnet, ist ein Nebenerwerbs-Job immer noch willkommen. Mit etwas mehr Taschengeld darf man sich freier fühlen. Das Geld als Mittel dazu ist in der Leistungsgesellschaft zum Leitwert geworden, bestimmt die weitere Laufbahn, weckt zugleich Fähigkeiten und Ehrgeiz, es zu etwas zu bringen. Auch die, die sich mit und ohne Matura einem – übrigens nicht selten einträglicheren – Beruf in der Wirtschaft oder im Dienstleistungssektor zuwenden, finden sich auf das Prestige des Einkommens und, was man sich damit an Lebensführung leisten kann, verwiesen.
Der Normalfall ist in dieser jüngeren Generation bereits ein „Krisenfall", denn die soziale Vernetzung zwischen den Generationen ist durch die ständige Bewegtheit und Veränderung anders geworden. Schon beruflich ist man einmal da, einmal dort. Wohnsitze, Orte, Länder, manchmal Weltgegenden wechseln. In

verschiedenen Rollen fit zu sein, ergibt sich für Frau und Mann bei öfterem Berufswechsel. Das eigene Ich in solchem Lebenslauf durchzuhalten und zur Individualität auszubilden, erfordert seelische Flexibilität. Diese kann überfordert werden und im Rückzug auf einen simplen Ego-Trip enden. Man hat keine Zeit mehr – wohin hat sie sich nur verflüchtigt? Das Gespräch, das ja anderes als Austausch für das Lebensstadium zweckdienlicher Informationen ist, erlahmt. Kommen Kinder, fühlen sich diese in solcher Atmosphäre oft um ihr Zuhause gebracht. Häufig genug werden sie abgeschoben, das Zusammenwirken von Familie, Schule, Öffentlichkeit in der Erziehung und Zuwendung gerät dann zum allgemeinen Notstand. Alle Beteiligten zeigen sich überfordert, nur die Schuldzuweisungen wechseln.

Unter den Lebensbedingungen einer Überflußgesellschaft wie der Rolle des Geldes nicht nur als Währungseinheit und Zahlungsmittel gibt es in diesem Land immer noch genug glückliche, zufriedene, zusammenhaltende Familien, Ehen, Lebensgemeinschaft. Unser Augenmerk richtet sich hier ja darauf, wo sich auch in der sozialen Entwicklung Brüche zu einem Ernstfall ausweiten könnten. Machen die Jungen oft schmerzvoll ihre Erfahrungen, weil sie alten Leitschienen im Leben mißtrauen und zuviel Heuchelei und Abrede dahinter vermuten, so ist doch etwas nicht eingetreten: eine „Atomisierung" dieser Gesellschaft nach einem Jahrhundert der Umbrüche, Austreibungen und Inflationen. War sie nicht nach dem Sturz der sozialen Hierarchie von gestern erwartet, ständige Anfälligkeit für allerlei Irrationales befürchtet worden? So „gemütlich“ waren die Menschen dieses Jahrhunderts gewiß nicht, von Karl Kraus bis Thomas Bernhard hat man genug darüber gehört. Als Schock erfuhren wir, was an Haß, Verzweiflung, Erlösungswunsch und Auslöschungsfähigkeit sich auch unter den Österreichern aufgespeichert hatte und zu entbinden war. Genügten da fünfzig Jahre Eigenstaatlichkeit und wachsender Wohlstand, das alles mit ein wenig Trauerarbeit loszuwerden? Es macht den Anschein, auch wenn da und dort rechts- oder linksextremistische Spuren im Sand zu erkennen sind. Das Erschrecken bei Studenten und Jungen, was unter Eltern und Großeltern sich ereignen konnte, erleichtert es den Medien, schon als extremistisch abzustempeln, was in älteren Demokratien nur als unerwünschte, aber erträgliche Randerscheinungen abgetan wird. Freilich, Empfindlichkeit dafür, was am Stammtisch, als Ausrutscher oder unter vier Augen zu Wort kommt, bleibt ratsam. Was seit den letzten Zeiten der Monarchie sich an Ressentiments oder historischer Schuldvermutung eingeprägt hat, ist immer noch keimfähig. Auch Überreaktion, Pauschalbeschuldigung sind deshalb geeignet, diese Keimfähigkeit zu erhalten, gerade dann, wenn über Rassismus, Antisemitismus, Faschismus, Diktatur zu bestimmen, als Monopolbetrieb von einer Partei oder Gruppe beansprucht wird.

Was da unter dem frommen Wunsch zu einer Selbstreinigung der Öffentlichkeit vom Stichwort Josef Klaus („ein wahrer Österreicher“) bis zu Kurt Waldheims Brandmarkung („Kriegsverbrecher“, „Nazi“) praktiziert wurde, bleibt als mutwillige Selbstvergiftung leider noch spürbar. Wird aber nichts von diesem Innenleben samt Bodensatz unterschlagen, bleibt es dabei, daß Österreichs Gesellschaft von heute keine „einsame Masse“ geworden ist, wie die berühmte Studie David Riesmans zur Analyse der amerikanischen hieß. Die Widerlager aus Natur, Landschaftsaufbau und Herkunft erwiesen sich stark genug, eine Zerbröselung unter der Druckwelle einer Massenzivilisation zu verhindern.

Was hält nun zusammen, was einst Ersatzkirchen wie Sozialismus, Nationalismus, Liberalismus, Klerikalismus oder Traditionalismus betreut haben? Daß wir näher aufeinandergerückt sind, die sozialen Gegensätze abgeschwächt wurden, die materielle und soziale Angleichung auch eine Vereinheitlichung der Lebenswünsche ermöglicht? Ideologische, religiöse Bindungen sind in ihrer politischen Bedeutung herabgestuft worden. Eine hedonistische Grundstimmung, Konsumerismus ersetzten, was an positivem Konsens da und dort fehlt, die Autonomie des Individuums wird voll ausgelebt.

Doch was so plakativ als Konsum-, Informations-, Erlebnis- oder Freizeit-Gesellschaft etikettiert wird, dahinter steckt letztlich immer noch der selbstverantwortliche Einzelne. Gegen Außensteuerung und Milieudruck muß er sich behaupten, um sein Leben, seine Person nicht im Massenstrom, ja in Bewußtlosigkeit untergehen zu sehen.

Die Rolle der Medien bei der Emanzipation vom Gestern hat seit der wiedererrungenen Eigenstaatlichkeit ständig zugenommen. Man hat sich von dem „Rückbruch“ auf die Erste Republik befreit, wie der Diplomat Josef Schöner in seinen Erinnerungen es treffend genannt hat, nämlich 1945 zunächst dort fortgefahren zu sein, wo man 1933/38 aufgehört hatte. Die Vernetzung über Telefon, Radio, Fernsehen und die eigene Zeitung schafft eine Art Gemeinsamkeit im Alltag wie im Interesse, wovon alle reden, sich ärgern oder befriedigt zeigen.

Unzufriedenheit, die sich an diesem oder jenem Zustand äußert, ist nichts Neues. Sie löst sich meist wieder auf, ohne an ihm viel geändert zu haben. Gewiß, das findet sich mehr im Osten, in Wien und seiner Umwelt und gilt dort als Raunzerei. Ganz etwas anderes ist aber eine Aufgeregtheit unter manchen der jungen Generation, die destruktiv wirken, oft nihilistisch ausarten kann. Es handelt sich dabei um mehr als eine verspätete Pubertätskrise, was sich in den Schmierereien an den Hauswänden – verschönend „Graffiti" genannt und als jüngster Kunstausdruck mit Hilfe der Sprayer gewürdigt – oder im Lärm der Diskotheken einer künstlich-organisierten Kollektiv-Ekstase äußert. Kommunen wie Sponsoren bringen dazu Geld auf, und Hunderttausende fühlen sich bei Massenmeetings aus einer leeren Freizeit herausgerissen. Verlangen nach kollektiver Entspannung? Surrogat für entbehrte Gemeinschaft, gar Flucht, nicht allein zu bleiben?

Wenn öffentliche Plätze zu permanenten Kirtagen für Auge, Ohr und Gaumen, Kirchen zu Konzertsälen, Festivals mit Stars, als „open air"-Vorstellung oder mit Hilfe der Leinwand der Beschäftigung und Vergnügen der Massen dienen, ist das ein spezifisch heimisches, wienerisches Phänomen? Der Anspruch der

Kunst, im bürgerlichen Haushalt und nicht weniger einst in linken Kaderschmieden hochgehalten, verkommt zum bloßen Zeitvertreib. Ein Programm zur Massendomestizierung wie das bekannte „panem et circenses" im alten Rom?
Wir können es uns leisten, hört man. Und das ist doch weit harmloser als die Arenen und Gladiatorenkämpfe der Alten oder Tierhetzen und ähnliche Schaustellungen in Wien vor zweihundert Jahren. Warum sollte ein demokratisches Gemeinwesen dieses Feld anderen Kräften überlassen? Auch wir haben gelernt, auch Demokraten wollen unterhalten werden, wenn sich ihnen öffentliches Leben eher auf Unterhaltung, Würstelverzehr zu Verdis „Requiem" etwa reduzieren sollte.
Von den Punkern bis zu den „Technos" von heute ist es kein weiter Weg. Was mit Jeans und schlampiger Kleidung als Protest gegen eine konformistische, auf Erfolg und Prestige bedachte Gesellschaft begann, hält beim jüngsten Produkt: Die „Technos" demonstrieren, frei nach dem bekannten Modetanz, ein Bekenntnis gegen jedes öde Bekennen, als Hohn im Ausspielen alles dessen, was die ältere Generation verabscheut und wie Müll wegzuschaffen sucht. Eine Simulation des Ekels zieht ein Blabla an Parolen hinter sich, deren Sinnlosigkeit die bloße Geschwätzigkeit des Alltags demonstrieren und selbst noch revolutionär sich gebärdenden, anarchistischen Untergrund lächerlich machen soll: Sinnvermittlung sei Quatsch. Wenigstens das noch soll uns vermittelt werden. Nur als Symptom einer Ausgebranntheit, die das als ihren „Spaß" der Erwachsenenwelt vorführen möchte, ver-

dient diese spontane jüngste Art „Jugendbewegung" erwähnt zu werden.
Der Österreicher liebt das Extreme nicht einmal als nihilistisches Scherzo. Um radikal zu werden, muß die innere oder soziale Not schon die Hochwassermarke überschreiten. So ist auch die Szene, die seine Gesellschaft heute präsentiert, keine der dramatischen Spannungen, eher eine des Verharrens – Produkt aus der Schwerkraft des Gegebenen.
Die Reproduktion des Status quo bewahrt bis auf weiteres diese organisierte, im Anspruchskatalog, nicht aber in dem ihrer Pflichten bewußte Gesellschaft vor dem freien Fall ins Bodenlose. Doch deren Entstehungsbedingungen schließen ja nicht schon die zu neuer Selbstfindung aus.

VERNETZT DURCH MEDIEN

Zeitung, Telefon samt Handy, Radio und Fernsehen – diese Steigerungsstufen sind bekannt. Die neueste, ein Superlativ, ist die Ankündigung einer Multimedia-Welt. Auf einem Super-Datenhighway soll die elektronische Revolution vorangetrieben werden. Mit ihr trete auch das gesellschaftliche Zusammenleben in einen Aggregatzustand, der weltumspannend sein und zugleich eine Art Allgegenwart, was auf dieser Erde vor sich gehe, verbürgen soll. (Auch die Kapitalverflechtung tendiert längst auf solche Globalisierung hin). Und was mit dem Computer-Zeitalter in der Bürotechnik und zur Verflüssigung des Ablaufs einsetzte, hat in solchen Sprüngen der Kommunikations-

Technologie bereits neue Vormarschstraßen erreicht. Schon jetzt ist zumindest prinzipiell alles mit allem in Verbindung zu setzen. Wird es aus der Möglichkeit zur Wirklichkeit, scheint dann dem menschlichen Auge zumindest optisch das gesichert, was sonst nur dem „Auge Gottes“ vorbehalten galt? Mit dieser ersten stellt sich gleich die zweite Frage, ob eine solche Horizonterweiterung dem menschlichen Bewußtsein bekommt oder es nicht als „Informationsexplosion“ überfordert, wie wenn sich einer unter Drogeneinwirkung in eine Wahnwelt einläßt?

Der permanente Fortschritt in Wissen und Können ist die Triebfeder, die Unruhe unserer Welt, sich selbst in Ankündigung und Tat zu übertreffen, ihre Rechtfertigung. Um in dieser permanenten Veränderung nicht den vertrauten Boden unter den Füßen zu verlieren, hält sich der Österreicher besser an das, was sich für einen aufmerksamen Langzeit-Beobachter daheim schon am Aufstieg der Medien ablesen läßt.

Dazu zählen Zeitungen, Zeitschriften, Bücher, Magazine, Flugblätter. Von Telefon, Rundfunk und Fernsehen sind sie in der Massenkommunikation längst überrundet, mit dem Handy unterwegs auf Straßen und Plätzen, selbst im Auto mit einem Du verbunden. Die Vernetzung der Gesellschaft in Stadt und Land kommt unabhängig von Alter, Beruf, Bildung des Empfänger voran. Dieser nimmt bei Radio oder vor dem Bildschirm im Normalfall bloß auf, kann aber selbst nicht erwidern. In dieser Einbahnigkeit lag schon die Versuchung zu einem Herrschaftsmittel. Es wird in totalitären Regimen entsprechend eingesetzt, verfügt

in Demokratien über Presse- und Meinungsfreiheit bei öffentlicher Kontrolle, bleibt aber auch dort von Einflußnahmen nicht verschont.
In Österreich war der Kampf um die Unabhängigkeit des ORF von Parteimacht ein politisches Lehrstück. Erst mittels eines Volksbegehrens konnte das neue elektronische Medium dem direkten Zugriff entwunden werden. Dieser ging seinerzeit so weit, daß bis auf die Minute jede parteipolitisch relevante Sendung vom Gegner verrechnet und im Gegenzug eingefordert wurde. Zur Langeweile der Belangsendungen der Parteien, Verbände und Kammern kam noch die Selektion in der Nachrichtengebung und der tägliche Kleinkrieg, seine Leute in Schlüsselpositionen zu bringen. Das alles machte den ORF zu einem Dauerereignis der Innenpolitik jener Jahrzehnte.
Der Ausgang dieses Konflikts wie die dreimalige Führung des Unternehmens durch Gerd Bacher müssen im Zusammenhang des Abbaues des politischen Systems der Nachkriegszeit gesehen werden. Rot und Schwarz oder einer von beiden verwalteten die Republik wie einen Erbbesitz. Mit der wirtschaftlichen und sozialen Stabilisierung verkümmerten diese ideologischen Bindungen, gefördert auch durch den Abgang bzw. das Absterben der alten Parteikader. Doch nun sollte über die Medien die eigene Wählerschaft bei der Stange gehalten werden.
Das verschlang enorme Mittel und endete doch mit Pleiten der offenen oder verdeckten Neugründungen. Jahrzehnte später kam das erst in einer Kette von Prozessen voll ans Tageslicht. Parteiunabhängige Zeitungen waren die Gewinner, die Aufdeckung des Filz för-

derte zugleich einen Enthüllungsjournalismus. Dieser wieder war absatzfördernd und bestimmte bei den Massenblättern das angemessene Leserniveau. Der Urteilsbildung und überhaupt Aufklärung zum öffentlichen Leben war das weniger dienlich, ließ immerhin die neue politische Klasse nicht mehr so unter sich wie zuvor.

In den siebziger Jahren verlagerte sich der Schwerpunkt der Auseinandersetzung zu dem elektronischen Medium, zum ORF. Der war als öffentlich-rechtliche Anstalt unbestritten ein Monopolbetrieb, finanziert aus den Hörergebühren. Mit dem Fernsehen hatte diese Entwicklung eine neue Dimension erreicht. Nun kam den ORF-Journalisten die erfolgreiche Front der unabhängigen Blätter zuhilfe. Ein von dieser getragenes und spontan auf Straßen und Plätzen des Landes gebrachtes Volksbegehren erzielte 1964 das sensationelle Ergebnis von über 800.000 Unterschriften. Die Großparteien waren von diesem Ausgang schockiert.

Damit war der veröffentlichten und zum Großteil damals tatsächlich öffentlichen Meinung ein Durchbruch gelungen, der einer Demokratie der Funktionäre schnellere Beine machte. Unter den Regierungen Klaus und Kreisky, jeweils nur von Volkspartei oder Sozialdemokraten mit ihrer Mehrheit bestellt, setzte eine Liberalisierung des öffentlichen Lebens ein. Trotz Widerstrebens, dem üblichen Verspätungs- oder Verzögerungseffekt, spielte sie sich ein, auch wenn, etwa beim ORF, prompt auf die Reform eine angeblich bessere Gegenreform folgte. Die geforderte demokratische Transparenz blieb Bruchstück, immerhin reichte

sie aus, in die Verfügungsmacht der Großparteien wenigstens Breschen zu schlagen.
Je höher der Absatz, umso höher der Stiefel, nämlich dessen, was dem Leser zugemutet wird. So könnte man ein sarkastisches Wort von Karl Kraus anwenden, läßt man Zahlen darüber sprechen, was denn beim österreichischen Publikum ankommt. Im Vergleich der Dominanz der Massenblätter im Boulevardgeschäft bleibt das sogenannte Qualitäts- oder Intelligenzblatt ein einsamer Jäger nach Abonnenten und Inserenten. Unter Boulevardblatt ist eine auf Volkstümlichkeit wie entsprechende Auswahl der Tageschronik und deren Aufmachung abgestellte Zeitung zu verstehen. Im Aufspüren der Stimmung ihres Publikums bzw. dessen Orientierung erweist sich journalistisch die Qualität des Blattyps wie politisch dessen Einfluß.
Marktbeherrschend ist laut Mediaanalyse 1994 die „Kronenzeitung" des Hans Dichand mit einer Reichweite von 40,7 Prozent. Weit abgeschlagen davon, aber immer noch auflagenstark erweist sich „täglich Alles" des Kurt Falk mit 14,8 Prozent. Dieser war einst Teilhaber, ist nun erbitterter Feind Dichands. Falk verbucht mit seinem weiteren Produkt „Die ganze Woche" aber auch noch 26,1 Prozent Reichweite.
Zwischen diesen Boulevardblättern und Zeitungen wie der „Presse" oder dem „Standard" mit 3,5 bzw. 4,9 Prozent positioniert sich der „Kurier" mit 12,5 Prozent als Mittelstandsblatt, das aus dem einstigen US-Besatzungsblatt hervorging. Alle diese Produkte kommen aus Wien, sind aber republikweit verbreitet. In diesen Jahrzehnten hat sich indes auch die regionale

Publizistik profiliert, etwa die „Salzburger Nachrichten“, die Grazer „Kleine Zeitung“ und andere regionale Titel in Oberösterreich, Tirol und Vorarlberg. Ihr Aufstieg und ihre regionale Dominanz dokumentieren das starke Selbstbewußtsein der Länder, ihr Eigenleben und eine föderalistische Distanz zu Wien und der Zentrale.

Zeigen sich also die Österreicher heute als eine, auf Distanz zur Tagespolitik daheim wie in der näheren oder ferneren Umwelt orientierte Gesellschaft, so vernetzen Zeitungen und ORF vor allem das, was die Leute unmittelbar angeht, weniger was es für den Lauf der Dinge überhaupt bedeutet. Gründlichere Kenntnis der Zusammenhänge und was daraus hervorgeht, überläßt man denen, die nach Stellung oder Studium dazu berufen sind.

Und so oberflächlich normalerweise das Interesse für die internationale Politik und Wirtschaft und deren Wechselwirkungen scheint, so ist es auch an innenpolitischen Vorgängen zu beobachten. Das ändert sich nur, wenn der Mann oder die Frau von der Straße sich von geplanten Maßnahmen in ihrer Lebens- und Arbeitslage betroffen fühlen. Und wie zum öffentlichen Leben hat man übrigens auch zu den Sprüngen in der Kommunikationstechnik ein offenes, aber nicht einfach dem letzten Schrei des Tages nachjagendes Verhältnis. Auch darin bleibt der Österreicher abwartend oder erst vorsichtig probierend.

So wären auch die Wahlergebnisse von 1994 eher Ausdruck des Unbehagens an SPÖ und ÖVP und Stärkung der Opposition rechts wie links, wohl in der Meinung, Wahlen änderten ja doch wenig am Zustand. Und bei der heiklen Lage in der Umwelt, der Stimmungsflaute im Land, dem Fehlen neuer, attraktiver Persönlichkeiten scheint es immer noch besser, alles beim alten zu lassen, als sich auf Alternativen zum Aufgestauten einzulassen. Abwarten regiert die Stunde in diesem Land.

Der ORF ist unter der neuen Führung politisch „ruhiggestellt". Man weiß, daß es auf magere Jahre zugeht und die Konkurrenz härter wird. Man muß wieder mit Reichweiten, Hörergebühren und privaten Anbietern rechnen, auch wenn die Kritik am ORF von deutlichem Niveauverlust zugunsten des Unterhaltungselements von Talkshows bis „Musikantenstadls" spricht. Indessen bieten der Zwang zur Personalreduktion und zur Überwindung der Spätfolgen einer freien Betriebsvereinbarung schon genug an Minenfeldern, sich da durchzuschlagen. Von wo solle noch frischer Wind zu einer anspruchsvolleren, neuen Programmierung kommen, wenn jenseits des Küniglberges und der Landesstudios Flaute das allgemeine Klima bestimmen?

Das Fernsehen ist weiterhin ein beliebtes Unterhaltungs-, Ablenkungs- selbst Einschlafmittel, der Hörfunk hat hingegen im Qualitätsanspruch seine frühere Position noch bekräftigt. Manche Anzeichen deuten überhaupt auf eine Übersättigung an der Bilderflut. Hat sich hier wie bei den Zeitungen und neuerdings Zeitgeist-Magazinen wie „profil" bis „News" der Anreiz des Neuen, der Enthüllung und Indiskretion erschöpft? Wortschlachten am Runden Tisch bleiben ein Palliativmittel, und selbst Leo Kirchs lukratives Filmdepot erschöpft sich als Füllmaterial im Abspielen.

Die Eigenproduktion wieder leidet unter der Kostenschere und einem Talentmangel, jedenfalls soweit sich Talente auf dem Bildschirm entfalten können.
Wer sich zum Abendsport noch als Channel-Surfer betätigt, kennt sich beim Fernsehen des deutschen oder Schweizer Programms genug aus. Von nationalen oder regionalen Spezialitäten einmal abgesehen, weckt die präparierte Einheitskost nicht gerade Appetit. Eigenheiten in der Menükarte und bei anspruchsvolleren Konsumenten diese oder jene Sendung, etwa aus den Wundern der Natur, geben dem elektronischen Medium heute nicht anderes als dem gedruckten: Es bedient, aber es fasziniert kaum mehr.
In den vielen Kanälen zur Massenkommunikation spielt das Fernsehen als besondere Überlegenheit die rasche Wiedergabe von Tagesereignissen in Bilderfolgen aus. Sie suggerieren dem Zuschauer das Gefühl, selbst dabei gewesen zu sein, auch wenn nur ein Moment, ein Ausschnitt für das ganze Ereignis herhalten wird. Und selbst diese Reportage von der Front des Lebens kann auch lähmende, destruktive Wirkung auslösen. Exemplarisch dafür ist, wenn täglich und über Jahre hinweg der Krieg der bosnischen Serben mit Berichten von Terrorakten und Reportagen zu Massenmorden in Ruanda oder Burundi sich bunt mischen.
Abstumpfung angesichts so viel menschlichen Elends und das Gefühl der Ohnmacht unterminieren den Widerstandswillen, selbst die zunächst aufsteigende Hilfsbereitschaft: Am Ende wirken die UN-Blauhelme fast als lächerliche Figuren, die humanitären Helfer wie Menschen, die mit einem Kübel das Meer des Elends ausschöpfen wollen. Und die für diese Szenen

mitverantwortlichen Politiker, die täglich jedermann ins Haus gebracht werden, scheinen unfähig, selbst einer Gefahr für das eigene Land gewachsen zu sein. Diese Art Destruktivität lähmt, sie härtet nicht dafür, sich dem Bösen in der Welt zu widersetzen.
Das ist die Kehrseite der elektronischen Revolution: die Entmutigung für einen Ernstfall, die Resignation vor dem Übermaß an Herausforderung für Europa, die Vortäuschung einer medialen Transparenz, die nur soviel erbringt wie die Entdeckung, der Kaiser habe gar keine Kleider an, diese EU, diese NATO, dieser Westen seien zu schwach, uneins und feig, um rechtzeitig einer Bedrohung des Friedens auf dem Kontinent entgegenzutreten. Das ergibt moralisch eine Tiefen- und Langzeitwirkung, die vieles prozeßhaft erscheinen läßt und so relativiert, wenn es nicht mich selbst trifft.
Darüber wird aber hinweggegangen. Das Fernsehen, die Zeitungen bringen nur, was sich für ihre Redakteure so abspielt oder im Ausschnitt wichtig scheint. Sie bringen diese bedrohte Welt ins Wohnzimmer, sie erzeugen sie weder, noch ist es die ganze Wirklichkeit, mit der zu rechnen ist. Oft erscheinen die politisch Verantwortlichen der Demokratie als Getriebene. Zu beobachten, was nur Interesse, Machtkalkül, Opportunität daheim ausmachen und weder Verantwortung noch Ordnungsidee erkennen läßt, entmutigt. Nur die Täter stecken den Gewinn ein, für die Opfer bleibt das Bedauern der anderen.
Die Medien, gedruckte wie elektronische, erbringen trotz unserer veränderten Sozialstruktur und bei so viel ständiger Veränderung in Ort und Beziehung

über Unterhaltung und Information dennoch auf ihre Weise eine Gemeinschaftsleistung. Dieser Beitrag zur Sozialisierung durch Vernetzung setzt aktuelle Bezugspunkte, verbindet, was sich im Tagesablauf an eigene Aufgaben verliert, schafft gemeinsame Themen und Meinungsfelder, die früher das Zusammenwohnen in Häusern, Familien, Straßen, Gegenden besorgten. Die innere Vielfalt im Landesaufbau setzt zugleich der sonst zu beobachtenden Wirkung, alles wie über einen Kamm zu scheren, Grenzen. Zeitung, Radio oder Bildschirm bieten keinen Ersatz für den einstigen Herrgottswinkel auf dem Bauernhof oder das offene Gespräch unter Freunden, in der Familie oder unter Kollegen.
Auf dem Zeitungsmarkt haben die bundesdeutschen Großverlage schon lange Fuß gefaßt, mit einem Bein stehen sie via Mediaprint im Feld der „Krone" und des „Kurier", Springer in Tirol, die Beteiligung am „Standard" wurde aufgegeben. Andere Beteiligungen gelten den neuen Zeitgeist-Magazinen, doch derzeit scheint die Expansionslust eher gering zu sein. Auffallend ist der hohe Grad der Konzentration bei den Tageszeitungen, eine Spätfolge der Besatzungsära, des Absterbens der Parteiblätter wie der Marktkonzentration überhaupt. Anders als etwa in der Schweiz kommen bei derzeit 16 Tageszeitungen nur je eine auf 500.000 Einwohner, dort auf je 80.000. Rot und Schwarz ließen die Dinge laufen, nachdem sie sich selbst in Rückzugsgefechten nichts als Schulden und Mißerfolge eingewirtschaftet hatten.
Das trug zum Durchbruchsieg des Boulevards bei, nur die Länderzeitungen konnten sich seiner erweh-

ren. Über die Emotionalisierung der Öffentlichkeit blieb dieser dominierende Zeitungstyp aber eine Macht, die oft genug politische Mandatare vor sich hertreibt, ohne dabei eigene mediale Zukunftsinteressen, etwa im Wellenbereich, zu übersehen. Unter dem Titel zur Erhaltung der Pressevielfalt wurde in bewährter Tradition eine Presseförderung geschaffen, nur offen und nicht als „schwarzer Fond". Sie gilt freilich nicht nur auflagen- und anzeigenschwächeren Qualitätsblättern, in weniger schöner Vielfalt auch noch letzten Überlebenden aus dem Parteiblätterwald wie etwa der Grazer „Neuen Zeit" und am Rande selbst einem Anarchistenorgan wie dem „TATblatt". Zwecks Arbeitsmarktförderung wurde übrigens unter diesem Titel auch die Errichtung neuer Druckhäuser subventioniert. Die Konkurrenz der Verlage untereinander blockierte dagegen ihre wirksame Interessenvertretung und ermöglichte so der öffentlichen Hand nach der Maxime: Zuckerbrot der Peitsche? ein leichteres Spiel.

Nach dieser Aufstiegsgeschichte der Medien in der Zweiten Republik ist der Wunsch, Journalist zu werden, begreiflicherweise lebhaft. Man träumt von rascher Karriere, öffentlicher Wirkung und Vielseitigkeit des Berufes. Der vielzitierte Mann von der Straße schätzt diesen nicht so hoch ein, wie das die Rolle der Medien im Aufstieg der Zweiten Republik erwarten ließe. Journalismus gilt vielen als Halbbildung, Indiskretion als Geschäft, bar jeder Ethik, wenn es um Schlagzeile oder Entblößung geht. Doch die Medien seien doch so etwas wie eine „vierte Gewalt" im Staat geworden? Umso gefährlicher für diesen und seine

Bürger, heißt es. Wie immer, die Österreicher sind eine demokratische und damit auch medial verbundene Gesellschaft geworden. Was Zeitung, Rundfunk und Fernsehen für das politische Leben bedeuten, wiegt ungleich mehr als die Rolle in der Zwischenkriegszeit, eine bis zu Bürgerkriegen sich steigernde Verhetzung blieb der Wohlstands-Republik aber erspart.
Die gedruckten Medien sind, konzentriert in Auflage, verteilt nach Wien und Ländern stärker den Schlagzeilen, dem Aufdecken und dem Kommentar verpflichtet. Für den Nachrichtenhaushalt und in Spannungszeiten die TV-Debatte sorgt der ORF. Mit verteilten Rollen wirken sie alle zusammen als Stimmungsmacher. Auf die Politik selbst haben sie nur insoweit Einfluß, als sie deren Personalisierung (statt der früheren ideologischen Vorzeichen) verstärken. Hier werden Buhmänner aufgebaut, Sympathiewerte vergeben, Abgründe suggeriert oder wirkliche Skandale an- und ausgeleuchtet. Die öffentliche Diskussion kommt über diese Stufe kaum hinaus. Das breite Publikum etwa in seiner staatsbürgerlichen Mitverantwortung zu ermuntern, daran fehlt es weithin. Das erleichtert und erschwert zugleich den Job des Berufspolitikers als Interessenvertreter.
Österreich ist indes noch weit entfernt von jenem Datenmeer, das über Internet und andere weltumspannende Verbindungen eine multimedial vermittelte Informationsexplosion verheißt. Wenn es technisch demnächst auch bei uns jedem möglich sein wird, durch unmittelbaren Zugriff über alles nur mögliche Wissen zu Tagesvorgängen wie zum letzten wissenschaftlichen Erkenntnisstand zu verfügen, wenn dazu Spei-

cher und Abrufstellen warten, was bliebe dann für die Medien in unserem geradezu noch altväterischem Vorstellungsbild?
Diese Multimedia-Welt stellte alles in Frage, was bisher die Aufgabe von Zeitung, Rundfunk und Fernsehen ist. Internet und Cyberspace sind dazu nur aktuelle Stichwörter. Die Sturzfluten einer solchen Informationswoge würden bisherige Vermittler wie Empfänger unter sich begraben. Wer könnte da in dem Informationsmüll, der bei ihm landet, den roten Faden seines Interesses herausfinden? Oder müßte er diese Auswahl, frei nach Orwell, vorgeschalteten Instanzen überlassen, zu befinden, was ihm bekommt, was nicht? Für die Macht dieser Bewußtseinsindustrie wirkte das Schlagwort von einer „Informationsgesellschaft" nicht einmal mehr als schlechter Witz.
Wie eine Demokratisierung, ins Extrem getrieben, die Machtkontrolle selbst ausschaltet, also ins Gegenteil umschlägt, könnte ein verzögerter oder selbst gemilderter Anschluß an diese Multimedia-Welt das auslöschen, was die Medien trotz ihrer Mängel bisher zum Zusammenhalt in der Republik und unbeschadet der Angleichung an Konsum und Lebenserwartungen des Westens zur Sozialisierung in den neuen Lebensfeldern besorgt haben.
Doch noch ist Amerika nicht Mitteleuropa und auch der Mensch, der so bedient werden soll, fähig, sich gegen alles zu wehren, was ihn selbst zur bloßen Relaisstation eines außerkontinentalen Kraftfeldes machen würde. Auf dem Daten-Superhighway käme für österreich und dessen Bewohner jedenfalls keine eigene Zukunft mehr herauf.

REIZTHEMEN: KIRCHE UND KREUZ

Auch religiös haben die Österreicher eine bewegte Vergangenheit hinter sich. Eine Gegenwart wie die der katholischen Kirche bleibt dennoch in dieser Szenenabfolge ungewöhnlich: durch Schwächung bis Verflüchtigung des Glaubens im öffentlichen Leben, Konflikte unter Engagierten im hiesigen „Volk Gottes". Diese zeigen sich bis in das Erscheinungsbild der Hierarchie und erklären so auch den Ausfall an gestaltender wie über die persönliche Frömmigkeit einst hinausgehender, stabilisierender Kraft in Staat und Gesellschaft. Bei aller gebotenen Zurückhaltung gegenüber den Resultaten der Meinungsforschung scheint das jüngste Ergebnis, ein Viertel der Österreicher be-

zeichnete sich 1995 als „religiös" (IMAS, Linz) doch bedenkenswert. Ein Widerspruch mehr, wenn einer der Frage nachgeht, was denn vom Österreich dieses Jahrhunderts an dessen Ende noch als Wahrnehmungselement, nicht bloß im üblichen Klischee-Rahmen, geblieben ist?
Verweilt man bei einigen Details, so geben sie in der Meinungsbefragung die schon vertraute Zusammensetzung wieder: Der Anteil der Frauen, die sich als „religiöse Menschen" bezeichnen, entspricht mit fast einem Drittel gegenüber dem Fünftel der Männer dem, was fast jeder Kirchenbesuch zeigt. Daß bei jüngeren Menschen die Beziehung zur Religion mit 17 bis 19 Prozent ausgewiesen wird, überrascht etwas im Vergleich zur Eigenbeobachtung. Das großstädtische Milieu ist für Kirchen stets ein härterer Boden als Dorf und Land, doch auch dort ist die soziale Kontrolle im kleineren Gemeinwesen längst nicht mehr Verbündeter der Tradition. Das Wechselverhältnis von Bildungsgrad und Parteipräferenz hat ja ebenso seine Rolle in den Zeiten der politischen „Lager", der Zeit zwischen den Kriegen, eingebüßt.
Was bis in die jüngere Zeit noch im politischen Katholizismus der ÖVP zu Hilfe kam, erinnert heute nur an verblichene Größe. Rot oder Blau zu wählen und zur Kirche zu gehen, das entspricht der Durchmischung und wachsenden Wechselwählerschaft. Ob Kurt Krenn zur Haider-Partei Kontakte pflegt oder Sozialdemokraten wie die heimische Intelligenz Franz König im Nachruhm favorisieren, die ÖVP das alte Verhältnis zur Kirche lockert, das Liberale Forum sich antiklerikal gibt und die Grünen gelegentlich Sympathien für

fortschrittliche Stimmen katholischerseits zeigen, das ist für die mediale oder demoskopische Pulsabnahme, keineswegs aber für den Stimmzettel im Wahllokal ausschlaggebend.

Eine Woge der Säkularisierung ist in der zweiten Jahrhunderthälfte über die Republik hinweggegangen. Hat Österreich in einem vielschichtigen Umstellungsprozeß damit den Anschluß an die Lage in Westeuropa und dessen Konsumwelt gefunden? Positiv ausgedrückt: Signalisiert das Viertel jener Landsleute, die sich als religiös verstehen, einfach nur eine Teilansicht zur Verwandlung des Österreichers? Sie betrifft sein Selbstverständnis, Leitwerte und Lebenswünsche und reicht damit freilich tiefer, als der bloße Zeitabstand von hundert Jahren ausmacht. So verträgt sich heute auch durchaus die klare Unterscheidung von Religion/Kirche und ihr zugeneigter Parteien mit der Überzeugung, daß es etwas Höheres geben müsse, das Weltenlauf wie persönliches Schicksal bestimme. Sich als entschiedener Atheist zu bekennen, fällt da gewiß schwerer, als solchem Gefühl Ausdruck zu geben oder sich auf ein „Ignorabimus" – Wir werden es nicht wissen oder auch anders gesagt: Glauben heißt nichts wissen – zurückzuziehen. Oft geht das über in die Meinung, eigentlich genüge es, ein „guter Mensch" zu sein. Mit Sünde, Erlösung, daß es einen Himmel gibt, mit dem Tod nicht alles aus ist, daß Gott Mensch wurde, um sein Geschöpf zu erlösen – fällt einem das gewiß schwerer.

Nun, schon ein Otto Mauer hat seine Zuhörer mit der Bemerkung schockiert, hierzulande sei die katholische Kirche doch die „größte Atheistenorganisation", womit der wortgewaltige Prediger meinte, katholisch zu sein, sei hierorts oft nur Produkt eines staatskirchlichen Konformismus oder häuslichen Brauchtums, nicht eines lebendigen, persönlich errungenen, jedenfalls bewußten Glaubens. Heute skizziert ein Pastoralsoziologe wie Paul Zulehner ein in der Meinungsforschung ermitteltes Bild. Bestätigt es nicht ungewollt Karl Rahners Voraussage, den Christen stünde eine Zeit der „winterlichen Kirche" bevor? Doch Zulehner sieht das Problem mehr im Ringen zwischen überzogener Autorität und moderner Freiheitskultur, Rahner einst eher in der Glaubenskrise inmitten einer aufgeklärten, angeblich durchschaubaren Welt.

Viele Traditionskulissen sind seit den fünfziger Jahren verschwunden. Der schon 1933 begonnene Rückzug des Klerus aus der Parteipolitik wurde in der Ära Franz Königs durch positive Schritte der Öffnung auch zu einer gesprächsbereiten Linken ergänzt. Dialog statt Abgrenzung oder Konfrontation sollte am Weg zu einer „freien Kirche im freien Staat" liegen. Anschuldigungen eher reaktionärer als konservativer Kritiker, König habe sich durch solche „Liberalisierung" an der Misere in der Kirche von heute mitschuldig gemacht, verkennen im Eifer der Polemik wohl allzusehr Ausgangslage und Eigendynamik der Dinge bei uns.

Mit dem Ende des Habsburgerreiches setzte auch sichtbar der im Innenleben schon lange begonnene Abbau der Volkskirche ein, die durch das Haus Österreich ja zugleich „Hauskirche" sein sollte. In Wechselwirkung zu den politischen Einflüssen wie gesellschaftlichen Veränderungen hat sich diese Freisetzung

des religiösen Bauelements beschleunigt, gleichförmig zu Austritten und gelegentlicher Rückkehr unter Rückwirkung von Umbrüchen, Krieg und Nachkrieg. Das Institut für kirchliche Sozialforschung (IKS) etwa gibt für 1910 bis 1991 eine von 94 zu 78 Prozent verringerte Mitgliedschaft an, die derzeit noch weiter abnimmt. In Wien allein ist das römisch-katholische Religionsbekenntnis in dem Jahrzehnt 1981/91 von 72 auf 57 Prozent zurückgegangen (in Österreich insgesamt von 84 auf 78 Prozent). 20 Prozent werden als ohne religiöses Bekenntnis verzeichnet, acht Prozent machten keine Angaben, womit es sich in Summe immerhin einem Drittel der Wohnbevölkerung nähert. Auch die evangelische Kirche AB und HB leidet unter starkem Mitgliederschwund, wenn auch in ihrer Sonderposition nach außen nicht so auffällig. Protestantisch zu werden, weil man vom Katholizismus genug hat, resultiert heute eher aus Eheproblemen.
Wer braucht eigentlich diese Kirche noch? Wie IKS anzeigt und die eigene Erfahrung bestätigt, vor allem an den Lebenswenden wie Geburt, Hochzeit, Tod und Begräbnis. Bei den Taufen ist der Anteil von 95 Prozent (1949) auf 82 Prozent (1990), bei kirchlichen Begräbnissen von 89 Prozent (1950) auf 79 Prozent vier Jahrzehnte später festzustellen. Vor der Kirche wurden dagegen 1949 72 Prozent (1990 nur noch 56 Prozent) aller Eheschließungen vollzogen. Und ein Drittel aller Ehen wird bekanntlich in Österreich geschieden, die Zahl der Singles nimmt weiter zu. Auch der Kirchgang am normalen Sonntag ist als Begleiterscheinung der sinkenden Anteilnahme auf die alten Jahrgänge – hier wieder mit Dominanz der Frauen –

und die Kinder, soweit die Eltern sie in den Gottesdienst mitbringen, reduziert. Und entleerten Kirchen entspricht das immer drückendere Defizit im Priesternachwuchs (mit großer Überalterung im Klerus). Auch viele Ordenshäuser wirken verödet, berühmte Stifte in ihrer barocken Pracht eher als Ruinen geistlicher Macht. Der Apparat der Kirche ist indessen immer noch so groß, daß man den Verdacht nicht los wird, hier wirke ein Nachahmungstrieb zur staatlichen Bürokratie nach. Und schließlich und endlich hält das die Sorge um die materielle Basis wach, auch die Sorge um das kulturelle Erbe, das zu betreuen ist. Das Kirchenbeitragssystem ist ja ein Erbstück aus der Hitlerzeit. Es wurde eingeführt, um die Kirche zu treffen, was freilich den Nationalsozialisten zu ihrer Zeit wie gedacht nicht gelingen wollte.

Was kann es dann bei Erwägung solcher Momentaufnahmen bedeuten, wenn sich ein Viertel der Österreicher(innen) als „religiös" versteht? Auch auf der Konfessionskarte läßt sich der stete Wandel beobachten, abgesehen noch von dem Zuzug an islamischem Bekenntnis, Buddhisten, Sekten und anderem. Wer Religion als ein tragendes Element des alten, noch bis in die Zweite Republik hineinwirkenden Österreich erfaßt hat, beobachtet dessen Schwächen, ohne dafür anderen Geistes- oder Lebensersatz prägend wahrzunehmen. Denn auch die Liberalisierung und Demokratisierung im öffentlichen Leben wie für die persönliche Lebenspraxis bieten darauf keine Antwort, Lustgewinn als Parole ist schon wieder außer Gebrauch. Dieses Vakuum weckt Sorgen, das geglückte Unternehmen aus fünfzig Jahren wieder erstandenen Öster-

reichs könnte mangels eines tieferen Konsens über das, wofür die Menschen dieses Landes eigentlich noch stehen, plötzlich Geist und Seele aufgeben.
Wer die Entchristlichung in der ehemaligen DDR vor Augen hat und ähnliche Tendenzen in der Nachbarschaft feststellt, wird einen über den heimischen Katholizismus hinausgehende, nämlich alle bekennenden Christen dieses Landes erfassende Entwurzelung im „Väterglauben" nicht mehr als Schwarzseherei abtun können. Österreich hat sich in diesem Jahrhundert aus der Lebensform seiner Vergangenheit herausgelöst. Gewiß reichen die Anfänge dieser Auflösung weit zurück, nun aber gleicht sich der Alltag mit der üblichen Verzögerung unter dem Wohlstandsmodell dem Individualismus – oft einfach praktizierten Egoismus – offen oder verdeckt an.
Natürlich gibt es dabei zwischen Großstädten und Land, von Heimat zu Heimat in diesem vielgestaltigen Gemeinwesen große Unterschiede. Auch ist diese kritische Anmerkung nicht so zu verstehen, als fehlte es in diesem sozialen Klima an Hilfsbereitschaft für Notstände daheim oder beim Nachbarn. Da ist immer noch genug an Mitgefühl, auch Bringschuld aus eigener Lebenssicherheit aktivierbar. Das äußert sich freilich mehr in Aktionen praktischer Solidarität, bei der religiöse, soziale Motive vorherrschen, gibt es doch auch die Lichterprozessionen der Betroffenheit. Sie zählen eher zum Ritual als zu den wirklichen Taten praktischer Nächstenliebe und Mitverantwortung.
Von „Entsolidarisierung" wird heute in der öffentlichen Debatte gesprochen. Läßt sich auch dem religiösen Baugrund Österreichs ein ähnliches Zerbröckeln

nachsagen? Und parallel dazu in der Kirchenkrise eine Emotionalisierung – fixiert auf Personen? In der Erbitterung unterscheidet sich das Land da ziemlich von deutschen oder französischen Verhältnissen. Vieles ist da, wenn es um Bischöfe, Rom, Klerus, Orden geht, zu einem Synergie-Effekt zusammengekommen. Beim Versuch, diesen Knoten aufzulösen, stößt man indessen doch auf Kontinuitäten. Sie zeigen das Land in seiner konservativen, das heißt: das Einst im Jetzt noch aufrechnenden Natur.

Die Öffnung der römischen Kirche zur modernen Welt seit dem Konzil, seit Papst Paul VI. und Johannes Paul II. hat an dieser Polarisierung ebenso ihren Anteil wie alte Rechnungen mit Rom. Eine Art Spätaufklärung auf dem Niveau des Fernsehens, der Zeitungen und Zeitgeist-Magazine wie ein neues Selbstbewußtsein unter Laien in einer Klerikerkirche kommen ebenfalls zum Zug. Während die politischen Parteien sich indes auf Nützlichkeitsverbindungen (mit affektiven Resten und natürlichen Interessenlagen) einstellten, entzweit praktizierende Katholiken heute eine Frontbildung zwischen „Papsttreuen" und „Gemeindekirche". Liegt diese voll im Scheinwerferlicht der Medien, so darf darüber nicht das Gros jener vielen übersehen werden, deren religiöse Praxis sich davon wie die Tiefe der See vom Wogengang oben kaum berührt zeigt. Etwa nach dem Motto: Laßt sie streiten, wir bleiben doch katholisch!

Nach euphorischer Reaktion auf das erste Jahrzehnt des polnischen Pontifikats machten die Bischofsernennungen später hier böses Blut. Eine Kurskorrektur sei im Gange, Johannes Paul II., römische Cliquen

und heimische Einflüsterer suchten eben die postkonziliare Freiheit schon wieder an die Kandare zu nehmen. Auf König folgte in Wien Groër, Krenn wurde nach St. Pölten berufen, Eder Erzbischof in Salzburg, Küng vom Opus Dei Vorarlberg anvertraut. Iby in Eisenstadt und Laun als Weihbischof für Eder machten da weniger Rumoren. Die Groër-Krise ließ dann Schönborn rascher als gedacht zum Koadjutor und im Herbst 1995 zum Nachfolger aufsteigen. Innerkirchliche Opposition hatte sich seit den achtziger Jahren organisiert, klein, aber lautstark. Sitzblockaden, Flugblätter, Vernetzung kirchenkritischer, später auch romtreuer Kräfte waren die Folge. Selbst innerhalb der medial abgewerteten „Amtskirche" machte sich die Entzweiung bemerkbar.
Der heimische Katholizismus gewann seit einem Jahrzehnt plötzlich eine der Religion sonst seit langem versagte Publizität. Nicht Fragen des Glaubens und seines Verständnisses, sondern eben Personen besetzten die Felder. Kurt Krenn profilierte sich im gern von ihm wahrgenommenen Fernsehen als geschulter, keinen Schritt weichender Verteidiger der römischen Doktrin, im Gegenspiel konnte man den Innsbrucker Stecher vermuten. Er pflegte Witz und Ironie und übte eine weltzugewandtere Sprache. Weber (Graz), nach Groërs Rücktritt Vorsitzender der Bischofskonferenz, versuchte mit Geduld, die Gemeinsamkeit im Episkopat zu wahren, Aichern (Linz) und Kapellari (Klagenfurt) zogen es vor, sich am Wortkrieg nicht zu beteiligen oder blieben offen nach da wie dort. Die innerkirchliche Atmosphäre wurde durch Intrigen und mediale Indiskretionen weiter vergiftet. Was steckte

da plötzlich in all diesen Leuten im einst „katholischen Österreich", einem Klösterreich, wie es zugleich hieß? Der Vatikan schwieg und hoffte wohl in Fehleinschätzung der Lage, das Ganze als „Medienwirbel" durch den üblichen Zeitgewinn auszusitzen.
Die Beschuldigung Groërs, er habe vor Jahrzehnten einen Hollabrunner Seminaristen sexuell mißbraucht, brachte in der gewitterschwangeren Atmosphäre alles zur Entladung. Der Kardinal quittierte mit Schweigen das zur Kampagne ausgeweitete Kreuzfeuer der Medien, die Bischofskollegen machten in ihren Reaktionen zu diesem Ausbruch selbst nicht immer „bella figura", Verwirrung und Bitterkeit ließen sich vielerorts feststellen. Österreich hatte sich für kritische Beobachter wieder einmal als „Skandalrepublik" zurückgemeldet. Das katholische Land, das sonst oft Vordergrund und Hintergrund diskret zu trennen wußte, bot plötzlich ein ganz ungewohntes Bild. Und das gerade bei jener Institution, die in allem Wandel als Hüter der Statik fast dem „Auge" in einem weiterziehenden Tornado gleichkam.
Prozeßhaft folgte der Versuch zu einem Kirchenvolks-Begehren. Weder in Intention noch mangels Kontrolle der angeforderten Meinungsäußerung konnte dieses Unternehmen sich mehr vornehmen, als von der Basis her die Hierarchie unter Druck zu setzen, ähnliche Initiativen für andere Länder wohl schon eingeplant. Die Medienunterstützung war sicher, mehr als eine halbe Million Unterschreiber setzten immerhin ein deutliches Signal des Unbehagens am Zustand. Bei der Praxis Roms gegenüber solchen Versuchen von unten bleibt die Wirkung derzeit zweifelhaft. Nur die inner-

kirchliche Lagerbildung mag sich verschärfen. Mitbestimmung zu Doktrin und Praxis in Sexualmoral, Wahlzölibat und Frauenordination wurden ebenso angefordert wie Mitwirkung bei Bischofsernennungen und überhaupt mehr Geschwisterlichkeit als kanonisches Recht, mehr Froh- als Drohbotschaft. Sollte das ganze Begehren schon bezogen auf einen Pontifikatswechsel gewesen sein, könnten jene Schwarzseher noch recht bekommen, um das Jahr 2000 sei selbst ein Schisma nicht mehr auszuschließen, wenn es in der katholischen Kirche dieses Landes so weiterginge.

Rom, wie man es geschichtlich kennt, wird sich nicht „aushebeln" lassen, ebenso ist aber auch ein Einfrieren des Zustandes hier wie in der katholischen Umwelt unvorstellbar. Wie so oft haben erst jetzt im Sog des Pluralismus die Erschütterungen nun Österreichs Ortskirche erreicht. Wer die Kirchengeschichte kennt, weiß, daß die Kirche am Göttlichen wie Menschlich-Allzumenschlichen vollen Anteil hat. Abgesehen von der bis zum Beweis des Gegenteils geltenden Unschuldsvermutung und Groërs irritierendem Schweigen regten sich da auch sonst leicht mobilisierbare antiklerikale Affekte – und gerade unter Katholiken –, in Klerus und Orden wohl auch aus intimer Kenntnis.

Man könnte zu deren Erklärung sich mit dem Hinweis begnügen, wie beim Staat hier wieder der schon angesprochenen Institutionenkrise zu begegnen. Wie dieser Staat eher dem Selbsterhaltungswunsch als seiner, die alle Generationen übergreifenden, gemeinsames Leben schützenden Herkunft zu verdanken sei, werde das auch der Kirche zugutekommen. Hieße das nicht die in vielen Brüchen seiner Geschichte sich

immer wieder durchsetzende Kontinuität im Erbe doch allzusehr zu überschätzen?
Der gegenreformatorische Anteil am heimischen Katholizismus wird, weil wir weit entfernt vom einstigen Ständekampf mit dem Erzhaus und der engen Bindung von Habsburg und Vatikan leben, eher als ausgestanden, ignorierbar angesehen. Doch ein in Krisenlagen sich wieder einstellender Affekt, ja ein diesem Österreich spezifischer „antirömischer" Affekt erklärt vielleicht doch etwas von dem, was die Landsleute ihren europäischen Nachbarn schon in diesem Jahrhundert an Fragen aufgegeben haben. Auf dem Gebiete der heutigen Republik waren das Volk und seine damaligen Herren nach der Reformation in manchen Teilen evangelisch, bis Habsburg aufsässige Untertanen wieder katholisch machte und damit eine schicksalhafte Verbindung mit dem Papsttum besiegelte. Preußens Sieg 1866 bei Königgrätz, der Todeskampf der Monarchie 1914/18, der Ständestaat gegen Hitler – sie alle reihen sich in diese Schicksalskette.
Spuren davon ließen sich bis in die Umbruchstage 1938 vermuten, alte Rückzugsgebiete des Geheimprotestantismus seien den Nationalsozialisten auch im Ständestaat fruchtbar gewesen. (Daß Katholiken deswegen etwas weniger versuchbar gewesen seien, wäre indes eine leicht zu widerlegende Ablenkung.) Jedenfalls hat diese schmerzliche Verkettung mit den dann dadurch bedingten Spannungen sich keineswegs nur als flüchtiges Spurenelement gerade in der religiösen Lage von heute erkennbar gemacht.
Der Distanz zur Großkirche, ihrem hierarchischen Aufbau in Organisation und Verrechtlichung, entspricht

heute oft der Wunsch nach kleinen, überschaubaren Gemeinden, durchaus ähnlich dem, was sich auch an der Tendenz zur Privatisierung im säkularen Leben beobachten läßt. Gewiß, das ändert nichts daran, daß der Christ als Katholik auf Rom, den Papst als Einheitsprinzip der zeitlichen Kirche, blickt, selbst im Widerspruch noch zu dem, was er manchmal von dort zu hören bekommt. Die inneren Konflikte, das Durcheinander von Stimmen: Theologen, Amtsträger, Laienfunktionäre, Aufmüpfigkeit bis Verweigerung im Klerus, Aufbegehren bei den Frauen, feministische Theologie, das Auftreten einer weithin konfessionsfremden oder religionslosen jungen Generation, das Kulissenhafte vieler Einrichtungen und Ansprüche drängen auf einen Engpaß solcher Entwicklung zu. Die traditionellen Geschlechterrollen haben sich verändert, Demokratisierung ist zur Menschheitsparole geworden, auch wenn sich zugleich Zweifel und Grenzen an manchem Fortschritt dieser Art heute immer häufiger bemerkbar machen.

Mit dem Urteil des bundesdeutschen Verfassungsgerichtshofes zu den Schulkreuzen in bayrischen Klassen ist ein Konfliktstoff, der auch nach Österreich hineinwirkt, gezündet worden. Nach der Kirche wird nun auch das Kreuz als kulturelles Identitätszeichen mißliebig, man lebt selbst daheim in einer multikulturellen Welt. Das Schulkreuz verstoße gegen die Neutralität des Staates, hieß es dazu in Karlsruhe, der freilich selbst kein anderes Identitätszeichen mehr besitzt als Pluralität im Rahmen des Gesetzes. Wer aber bürgt dafür, daß auch der Gesetzgeber einer moralischen Ordnung unterworfen bleibt, die nicht aus ihm selbst

und wendiger Interpretation von Menschenrechten stammt? Etwa auf Basis neuester Wissenschaft, technischer Möglichkeit, des Rechts auf Selbstverfügung oder Zuweisung als „lebensunwerten Lebens"?
Erinnern wir uns noch – es war die Gewissenserforschung nach 1945, und beim deutschen Nachbarn die Präambel des Grundgesetzes ein Resultat der Erfahrung mit dem totalitären Schrecken. Ein halbes Jahrhundert später läßt sich der Fall als Versuch verstehen, formalistisch die Bundesrepublik kulturell zu entwurzeln. Freilich, in den fünf neuen Bundesländern, eben der ehemaligen DDR, ist ja die Zahl der kirchlichen Christen auch formell längst eine Minderheit. Auch in den neuen Demokratien Osteuropas sind die Folgen des religiösen Entzuges bzw. der atheistischen Militanz noch allzu spürbar. So läßt sich das Karlsruher Erkenntnis als ein Schritt auf dem Weg zur Verdrängung des Christentums aus dem öffentlichen Leben in der Wohlstandsgesellschaft verstehen.
Nordamerika ist da noch anders als das alte Europa beim Auslaufen seines „Projekts der Moderne". Die Frage nach Religion, Christentum oder Moral der zehn Gebote bezieht indes schon die ganze, kulturell und rassisch so vielfältige Menschheit nach der Basis ihres Zusammenlebens jenseits der Wildnis des „Zahn um Zahn" mit ein. Weder religiös, als Geisteskraft oder als Ordnungsgedanke ist in der Welt von heute dazu etwas gestaltend faßbar. Unter diesem offenen Horizont wird sich auch das Christentum, das Konfessionelle in Glaube und Leben zu behaupten, zu erneuern, zu bewahrheiten haben.

Diesem Zeit- und Gesellschaftswandel ist auch der Katholizismus in Österreich unmittelbar, wenn auch noch ohne Schockwirkung, konfrontiert. Die Kirche verliert an Traditionsboden, richtiger gesagt, die „Verwestlichung“ legt frei, was Gewohnheit oder Brauchtum, ja Abgelebtes nur zugedeckt haben. Im weltanschaulichen Untergrund breiten sich Freikirchen, Großsekten, asiatische und gnostische Angebote wie Boten eines „Jüngsten Tages“ aus. Der Abschied von einer Amtskirche setzt sich lärmend oder lautlos fort. Zugleich aber ist die Sehnsucht nach überzeugenden Glaubens- und Lebenswerten im Alltag jedermann spürbar. Und auch im Graswurzelgrund der Spielwiese des heimischen Christentums regt sich vieles, zuversichtlich, lebendig, dem Nächsten zugewandt, wenn auch oft antagonistisch. Mit seinen neunzig Jahren erweist sich Franz König als letzte, noch verbliebene Integrationsfigur der katholischen Kirche in der Transformation Österreichs als Republik II.

Was diese Kirche für das Land und sein Volk seit Reformation, Barock und Aufklärung, nach Verbürgerlichung und Schock unter dem Nationalsozialismus zur eigenen Identifizierung erfahren oder behalten hat, sieht sich nun in offener Konkurrenz zu verbreiteter Gleichgültigkeit, zu Aberglauben und Religionsersatz aller Preislagen. In einem Ernstfall, also bei existentieller, nicht bloß schleichender Herausforderung, könnte mit ihr das ganze Christentum seiner Herkunft erneut zu erweisen haben, was Religion weiter im zeitlichen Leben unersetzbar macht.

Ob die Kirchen vor Ort in ihrer Selbstbeschäftigung auf eine solche, kritische Wendung der Dinge vorbereitet sind? Oder ob erst ein solches Überraschungsmoment Zuschuß an gnadenhafter Lebenskraft erbringt? Gott allein weiß es; der Mensch bleibt sein Mitarbeiter.

ENTSORGUNG DER VERGANGENHEIT

Das 20. Jahrhundert hat die Österreicher voll in Beschlag genommen, in ihren Generationen der vertrauten Lebenswelt entrissen, innerlich entzweit, in Bürgerkriege gestürzt, fünf Jahre nach Hitlers Machtergreifung in Berlin seinem großdeutschen Reich einverleibt, mit diesem in den Zweiten Weltkrieg und einen weiteren Untergang geführt, dann nach einem Jahrzehnt unter vierfacher Besatzung wieder in die Eigenstaatlichkeit entlassen und diese in weiteren vierzig Jahren zu einer Erfolgsgeschichte gemacht.
Das reicht wohl, um den Appetit an Geschichte zu stillen. So wollen denn auch die jüngeren Jahrgänge heute von ihr wenig wissen, so sie die Kenntnis über-

haupt und nicht als bloßen Stoff erreicht. Das bezieht sich eben nicht nur auf ihre Eltern oder Großeltern und deren Erlebnisse. Auch die Denkmäler einer imperialen Vergangenheit unter den Habsburgern, die Wien weltweit zu einem Anziehungspunkt machen, die mittelalterlich oder barock-europäisch geprägten Städte und Landschaften der anderen Bundesländer sind kaum Ansporn dazu, sich in so geprägter Umgebung eine spezifische Rolle zu suchen. Nur im Heimatgefühl bestimmt sie noch die Menschen.
So verfügt auch die öffentliche Rede über keinen Tonfall, der über die Tagesthemen und Polemik dazu noch das Herz erreicht, geschweige denn erhebt. Auch von der Bundeshymne bis zu den Staatssymbolen bereitet das meist nur Verlegenheit. Weil Pathos, falsches Pathos gar, unerwünscht ist? Fünfzig Jahre Wiedererstehen, vierzig Jahre Staatsvertrag, das errungene und endlich gewonnene Aufatmen finden kein Geld mehr, es dankend zu feiern, ja selbst die Stimmung nicht, dessen überhaupt und gemeinsam zu gedenken. Bürger wie Bundesheer sollen lieber zu Hause bleiben, hört man vom Ballhausplatz. Sparen ist doch das oberste Gebot, warum dann nicht auch beim Gefühl? Patriotische Aufwallung scheint so wenig wie unter dem Kaiser Franz gefragt.
Solche Beobachtung verblüfft einen zunächst, man sucht, ob sich der Fall nicht etwas positiver deuten läßt. Wie, wenn diese Distanziertheit etwa anzeigt, daß dem Österreicher eine Vergangenheitsbewältigung gelang, die gelegentlich noch eingefordert wird, indes hier ohne viel Aufhebens schon vollzogen wäre? Das als Vermutung einmal angenommen und einen

„Austro-Chauvinismus" auf den Sport und freundliche Nachrede bei fremden Besuchern abgedrängt zu sehen, könnte von durchschlagender Wirkung gewesen sein.

Sich an die eigene Gegenwart zu halten und samt Erinnerung an die nahe oder fernere Vergangenheit gleich auch weitere Gedanken an die Zukunft zu ersparen, wäre da einleuchtend. Mit dem Schilling und der Konjunktur soll es gut gehen, die Neutralität uns beschützen und nicht zwingen, über den Tag hinaus unseren Blick zu richten. Also politische Mimikry zum Selbstschutz? Macht eine solche Vermutung verständlicher, was man sonst schwer begreift?

Doch im modischen Sprachgebrauch zielt „Vergangenheitsbewältigung" ja auf anderes. Für die politische Diskussion war und ist damit angefordert, die Deutschen (und darunter auch die Österreicher) sollten aus Hitlers Vernichtungspolitik gegen Juden, Zigeuner und andere „Minderwertige" sich auch persönlich zu Rechenschaft genötigt fühlen. Wie konnte so etwas sich unter einem alten Kulturvolk ereignen und dazu Millionen gehorsamer, zumindest stummer Zeitgenossen finden? Was müßten Staat, Gesellschaft, Öffentlichkeit – und zuletzt doch immer der Einzelne in ihnen – unternehmen, um eine neue Überwältigung durch solche kriminelle Zielbilder des „Auslöschens" abzuwehren?

Was nach 1945 mit dem Programm einer „reeducation" noch unter der Besatzung einsetzte, wurde später in der Schule, mit Hilfe der Medien und abschreckender Dokumentation zur systematischen Aufklärungsarbeit. Parallel stellte sich hohe Empfindlichkeit für

Aktivitäten am rechtsextremen Rand ein. Entlastungsversuche, den Massenmord in den Vernichtungslagern zu leugnen, die Zahl der Opfer zu minimieren oder sie mit denen der Sowjetdiktatur zu verrechnen, wurden zurückgewiesen und als „Auschwitz-Lüge" zum Strafdelikt gemacht. Gesetzgebung, Staatspolizei und jüdischerseits die scharfe, medial einflußreiche Beobachtung aller direkten oder indirekten Regungen von Antisemitismus konnten indes auch nach den fünfzig Jahren nicht einen Vollzug dieser Vergangenheitsbewältigung melden.

Wie hätte das auch möglich sein können? In diesem Zeitraum blieb die Welt von Brutalität bei Ausrottung oder Austreibung nicht verschont. Der Kalte Krieg zwischen Sowjets und Amerikanern war öfters knapp am Punkt, in einen heißen überzugehen. Regionalkriege, Umstürze, Revolutionen rund um den Globus blieben Tageschronik. In China verschlang das viele Millionen, in Vietnam zwang es die Amerikaner nach schweren Verlusten zum Rückzug. Unter einem solchen Zeitpanorama relativierte das selbst das Ungeheuerliche des Judenmordes unter der NS-Diktatur.

Im blutigen Ringen des Staates Israel mit den Palästinensern um dessen Neugründung, zu der auch die Judenverfolgung in Deutschland beigetragen hatte, und mit der arabischen Terrorwelle gegen den Westen begann sich der Richtstrahl auf den Holocaust abzuschwächen. Immer neue Massenopfer machten dem Judentum einen exemplarischen Leidensvorrang streitig. Spätere Holocaust-Museen oder Gedenkstätten konnten die Subsumierung unter die Blutspur der Menschheit nicht aufwiegen.

Zur zeitlichen Entfernung vom Tatgeschehen unter dem Stichwort „Auschwitz" kam der Sturz des Sowjetsystems. Er ließ nicht nur den hohen Anteil russischer Juden an Rußlands nationaler Katastrophe seit 1917 hervortreten. Im Kontrast dazu brachte er zugleich den Antisemitismus in der Partei Stalins, die ihn nach Bedarf gemäß den Traditionen der Zarenzeit zu aktivieren wußte, wieder ans Licht.
Indessen hatten schon die Nationalsozialisten ihren Rassismus als Antibolschewismus deklariert und das „Weltjudentum" als Feind Nummer 1 der Menschheit, ob nun in moskowitischer oder plutokratischer Gestalt, hingestellt. Man blickte da in ein Spiegelkabinett von Wahnideen, das dennoch ungeheure, zerstörende Kräfte wecken sollte. Der erste Schock darüber ist verflogen, die Frage uns geblieben, was solches Irrewerden (in Kombination von Massenmobilisierung und perfekter Technik) ermöglicht. Rücken Hitler und Stalin so nicht in eine geradezu endzeitliche Perspektive? Und wie läßt sich ein solches Pandämonium inmitten der Moderne bannen?
Läßt man solche Erinnerungen aus der eigenen Erlebenszeit Revue passieren, folgt ihnen sogleich die Frage, wie die Österreicher mit ihrem Anteil an diesem Zeitgeschehen zurecht gekommen sind. Bei dem Schlagwort „Vergangenheitsbewältigung" läßt sich etwas Angestrengtes, willentlich Abgefordertes heraushören. Das ist anderes als was etwa einer im Religionsunterricht von Reue, Beichte, Lossprechung und Buße gehört hat. Der religiöse Mensch weiß sich vor Gott verantwortlich, aber auch von ihm erlöst, der aufgeklärte als Demokrat und Humanist einem men-

schenwürdigen, solidarischen Zusammenleben verpflichtet.
Versagen, Schuld kennt der eine wie der andere, doch Entsühnung aus Gnade nur dieser, Mut zur Vergangenheitsbewältigung vielleicht jener. In der geschichtlichen Erfahrung, daß das nur für Augenblicke, temporär – wenn überhaupt – gelingt, wurzelt dann auch der Wunsch, eine solche Verhängnis- und Schuldkette wie Geschichte – als sei sie, das Milieu usw. und nicht die Person, dieser Mensch letztverantwortlich – loszuwerden. Die Geschichte wird stumm, entschwindet unter einem Müllberg von Fachwissen und Jahreszahlen, das appellative Element, ihr Inspirationsvermögen ist erschöpft.
Daß die junge Generation, also bis zu den 30- oder 40-jährigen, sich mit der Lebensgeschichte der Eltern und Großeltern wenig anzufangen weiß, außer einer aus der Familie wäre damals gefallen, verschollen oder umgebracht worden, kann man voraussetzen. Ebenso aber auch die Tatsache, daß nur Selbsterfahrenes, Bestandenes, Erlittenes sich so tief einprägt, daß es Charakter bildet. Also bleibt in der Mehrzahl der Fälle eine gewisse Sprachlosigkeit vorprogrammiert.
Das wieder markiert die Bruchstellen in der Erlebniswelt der Generationen stärker noch als wie aus jedermanns Lebenslauf bekannt. Die eher abwartende, zurückhaltende Natur der Österreicher hat denn auch die bekannte 68er-Generation der Studentenrevolte im Gesellschaftsbild nicht so hervortreten lassen wie etwa in Deutschland und Frankreich. Hier bei uns überschichtet sich alles, Eruptivgestein findet sich selten und selbst die Suche nach Ursachen für diesen

oder jenen Mißstand in der Vergangenheit beschränkt sich meist auf Einzelgänger oder hat ein ideologisches Motiv.

Die Jahrgänge, die noch Krieg, Hitlerzeit, Not selbst erlebt haben, auch die Täter wie die Opfer der Austreibung und der Bürgerkriege sterben aus. Was soll es da noch zu bewältigen geben, wenn die, die selbst etwas dazu beitragen könnten, verstummen und die Jüngeren meist von all dem nichts mehr wissen wollen? Es ist eben nicht ihre Zeit, also könnte man davon ausgehen, daß dieses Kapitel persönlich, offiziell wie rituell beendet ist. Das „Dokumentationsarchiv der Widerstandsbewegung" wird dadurch schon nicht beschäftigungslos. Und für den tagespolitischen Schlagabtausch bleibt der „antifaschistische Konsens" so nützlich wie die Offenlegung linker „Bruderbande" von der Gegenseite. An einer wirklichen Aufklärung darüber, was nach soviel Vergangenheitsbewältigung, Betroffenheit oder nur stumpfer Gleichgültigkeit nun Österreichs Zukunft werden soll, fehlt es weithin. Man läuft im Kreis.

Wien und Österreich waren in einem größeren, multinationalen Raum beheimatet, überwölbt von der katholischen Reichsidee. Geblieben ist, daß man sich wechselseitig vertragen soll, mehr nicht. Selbst im Verband der Europäischen Union ist man erst auf den Markt als reelle Basis gekommen. Überall beobachtet man einen Rückzug auf sich selbst, manche wollen sogar Anzeichen einer „Renationalisierung" wahrnehmen. Einst optimistischer Universalismus hat ja auch in Gestalt der UNO abgewirtschaftet. Zu dem, was bei Maastricht II zur gemeinsamen Handlungsfähigkeit der Europäer herauskommen wird – nun, dazu wiegen nicht nur Skeptiker die Köpfe. Die bittere Erfahrung auf dem Balkan wirkt lange nach. Und die Auflösung des alten Feindbildes zwischen Ost und West hat selbst Amerika in seiner Führungsrolle erkennbar verunsichert.

Scheint Europa eher eine Kostenfrage und Österreichs Geschichtserbe weithin ein Nachlaß für Nostalgiker, so verhält es sich mit seiner Lage am Strom und an den Übergängen der Alpen etwas anders. Die Befreiung der Nachbarn vom kommunistischen Joch hat nach Jahrzehnten der Eisernen Vorhänge alte Lebenslinien reaktiviert: Polen, Tschechien, die Slowakei, Ungarn, Rumänien und Bulgarien, Kroatien und Slowenien sind aus ihrer Lagerhaft entlassen worden. Nicht nur für den alten Lebensaustausch, weit über Außenhandel und Verkehr sind die Wege wieder gebahnt. Österreich hat die Chance, sich den Nachbarn bei deren Wunsch, rasch unter Europas Dach zu kommen, zu helfen. Es diente damit nur sich selbst.

Auch diese Wiederherstellung des alten Lebensraumes wäre bei gewiß großzügiger Auslegung von „Vergangenheitsbewältigung" ein Beitrag dazu. Denn sie macht dem Unnatürlichen des Zustandes nach 1945 ein Ende, eigentlich schon seit 1918. Mit der Zerstückelung Mitteleuropas, ohne die einzelnen Teile wieder in eine Ordnung einzugliedern, setzte bereits die Vorgeschichte zur nächsten Auseinandersetzung ein.

Auf die zwölf Jahre Hitlers und seines Griffs nach der Herrschaft in Europa folgte ja im Untergang des Dritten Reiches konsequent das Vorrücken der Sowjetmacht bis an die Elbe und die Donau. Die Lehren daraus sind für alle fällig. Sich an sie zu erinnern, rät schon die Ungewißheit, was aus Rußland wird und ob der Westen zu einer stabilisierenden Rolle zurückfindet. Auch wenn das Entwicklungen anderswo in der Welt betrifft, für Wien, Budapest, Prag oder Warschau bleibt genug, nicht in bloßer Selbstbeschäftigung schläfrig zu werden.

Österreichs Demokratie scheint gefestigt, vorausgesetzt entsprechender Anteil am Wirtschaftsergebnis und bei sozialer Sicherheit. Ob auch die Seele des Österreichers zur Ruhe gekommen ist und sich mit dem abfindet, was jedem der allgemeine Zustand zuteilt, das ist nicht so sicher. An Anzeichen geistiger Verflachung und seelischer Verfettung mangelt es nicht. Unter der Oberfläche des Alltags ist manches Unruhige zu bemerken. Bei den Jüngeren deutet es auf Frustration, Wunsch, sich selbst den Weg zu suchen, Kritik am öffentlichen Betrieb überhaupt. Alternativen gibt es aber auch nicht zu erkennen, einig scheint man nur darin, die Umwelt werde schon für die nächsten Generationen kaputt gemacht sein.

Wohlstandsklima und materielle Absicherung ersetzen eben nicht, was die politischen und überhaupt öffentlichen Verantwortungsträger an Überzeugungsarbeit schuldig bleiben. Und die ist nicht allein Sache der Propaganda oder Polemik, sondern will in den Personen ebenfalls zum Vorschein kommen. Da und dort fliegen radikale Zellen auf, Vorboten einer politischen Radikalisierung sind sie nicht. Was sich an Demonstrationen auf die Straße wagt, ist nicht alles so harmlos-aufmüpfig wie die Technos und ihre „Love-

Demonstrationen". Immerhin verweist es auf ein Potential, das durch öffentliche Trägheit nicht schon bis auf weiteres bedeutungslos bleibt.

Für Österreich geht es nicht nur um das Überwinden und Ausheilen dessen, was dieses Jahrhundert ihm, es sich auch selbst zugefügt hat.

Das Ganze seiner geschichtlichen Herkunft muß es in die Zukunft einbringen, soll diese ihm auch als eine eigene gelingen. So viele Metamorphosen das Land schon hinter sich hat, einmal Grenzmark, dann Hausbesitz, Reich, Großmacht und als „Rest" Republik – das Verbindende aller dieser Wechselfälle präsentiert sich dem Auge in seinen Denkmälern. Das sind die Städte, Landschaften, das ist eine Prachtstraße wie der Wiener Ring, der Heldenplatz oder der Dom von St. Stephan. Eine erstarrte, zeitenthobene Geschichte ist es, die sich dem Blick des Betrachters von der Hohensalzburg, unter dem Goldenen Dachl in Innsbruck oder vom Grazer Schloßberg aus darbietet.

Dieser Reichtum will eben nicht bloß für Tourismus und Geschäft genutzt, er will ins gegenwärtige Leben mitgenommen werden. Bleibt er bloß Kulisse, wird er museal und die Betonkolosse der „Container für Menschen" tatsächlich billiger als dessen Erhaltungskosten. Gar nicht so leicht setzt sich dieses Wissen in der Tagespolitik durch. Ein aktuelles, kleines Beispiel aus Wien zeigt, wie lange schon die Chance mit den einstigen Hofstallungen für ein ganzes, geschlossenes Museumsquartier hin und her geschoben wird. Gerne machen die offiziellen Stellen bei Auslandsbesuchen Gebrauch von der Hinterlassenschaft an Prunkräumen bis zum kaiserlichen Tafelgeschirr und Besteck.

Kaum jemand denkt dabei, wie ohne diese Erbstücke die staatliche Repräsentation bescheidener aussähe, was ihr an Glanz und Stil fehlen würde, so tüchtig und lebensstark sich auch das Österreich der Republik erwiesen hat.

Endet Österreichs eigene Art von Vergangenheitsbewältigung etwa mit dem Gesundschrumpfen zum Kleinstaat? Die Republik ist sich selbst genug nach all den Wechselfällen von Depression, Freisetzung seiner Bauelemente und neuem Ansatz. Es genügt das Glück, an allem in der Nachbarschaft Europas teilzuhaben, ohne davon überanspruchet zu werden, etwa durch einen militärischen Beitrag oder Verzicht auf die Neutralität. Wie lange das gut geht, bleibt abzuwarten. Aber Wien findet ja auch eine Rolle als Fürsprecher der alten, selbst im Streit noch vertrauten Nachbarn unterwegs zur EU, als UN-Stadt und Treffpunkt für Konfliktparteien da und dort, als Relaisstation für manches sonst noch. Leider ist auch die sich ausbreitende Ost- und Südmafia darunter.

Das Panorama, das sich so vor einem Betrachter ausbreitet, hält jedenfalls dem zu Ende unseres Jahrhunderts vollzogenen Abschied von dem fest, was als Österreich noch für die Großeltern galt. Für deren Kinder setzte es sich schon mit dem Erlöschen der Lichter des alten Europa fort und überläßt dieses deren Nachkommen als einen Erdteil, der für seinen Osten und Westen in neue, außerkontinentale Kraftfelder gerät. Was da noch heraufziehen könnte, macht schon ein Blick darauf schmerzhaft bewußt, was ein Produkt der Verträge von 1918/19 war: der Krieg nach dem Ende des Zwangstaates Jugoslawien.

Es ist ein blutiger Krieg, in dem UNO wie NATO nur ihre Ohnmacht gegen den enthemmten, expansionistischen Nationalismus des Milošević und Karadžić, Westeuropa seine Selbstlähmung in alten Interessenkonflikten erfahren hat, die Amerikaner das letzte Wort bekamen, das neue Moskau seine Protektorrolle bei so viel Durcheinander und Gegeneinander im Westen in Erinnerung rief. Und der islamische Fundamentalismus wieder fühlt sich in seiner Überzeugung bestätigt, für bosnische Moslems gelte eben westliches Menschenrecht nicht. Die Kriegsmaschine der NATO sei mehr alarmiert, wenn es gegen Saddam Hussein, also um Arabiens Ölfelder geht.
Daß man Spätzünder aus diesen Ereignissen auch noch im nächsten Jahrhundert erwarten muß, kann, ohne Prophet zu spielen, schon vorausgesagt werden. Ist es bei solchen Vorspielen da nicht am klügsten, nicht dabei zu sein, vielleicht vom Schicksal gar übersehen zu werden? Österreich hat sich nach der Roßkur des Jahrhunderts ja in seinen, sich in der ersten Jahrhunderthälfte noch wechselseitig bestreitenden Geschichtsbildern von sich selbst, Größe oder Elend der Herkunft, endlich mit sich selbst ausgesöhnt – von Verzicht auf Bürgerkriegsrevanche bis zum Frieden mit Habsburg und der katholischen Kirche.
Als Fazit müßte man sagen, diese Gegensätze darüber, was denn Österreich nun eigentlich sei, seien bereits zur jüngsten Zeitgeschichte abgelegt. Dazu gab es einst eine linke Version: Anschluß an die sozialistische Weltrevolution über die deutsche, die christlich-konservative, hier den Zellkern des Abendlandes zu bewahren bis vielleicht wieder eine Stunde käme und

Gott an Österreich vorüberginge, endlich die deutschliberale, in der Weimarer Republik das, was von Österreich geblieben war, wenigstens gesamtdeutsch zu erhalten.

All diesen Widerstreit in der Zeit zwischen den Kriegen hat die Gegenwart verschluckt wie ein Löschpapier einen Tintenklecks. Und dennoch kann selbst das als eine Weise von Vergangenheitsbewältigung angeführt werden: Wir haben es alle überstanden. Als Österreich genügt uns diese nun gut ausgestattete Republik, für die Politik die eigenen Hausaufgaben, für deren Lösung die Politiker zuständig sind und was sie uns dabei anzuschauen geben. Mit dem Lauf der Dinge in der Welt möge man uns aber möglichst verschonen. Ja, das wäre das Beste.

Damit tritt freilich die Kehrseite eines selbstzufriedenen Gesundschrumpfens ins Licht. Man könnte es geradezu als eine Art der Entsorgung der Vergangenheit verstehen. Denn ein so post-biedermeierliches Behagen an sich selbst, sozial und humanitär schön eingerahmt, verhieße eher, auch diese Zweite Republik werde nur ein Durchgangsstadium sein zu einer gewiß nicht allein marktwirtschaftlichen Arbeitsteilung (inklusive Flurbereinigung) in Mitteleuropa. Und vielleicht noch darüber hinaus.

ÜBER EINE EPOCHENSCHWELLE

Läßt sich ein so geschichtlich bedingtes Gemeinwesen wie Österreich in dem, was als territorialer Bestand den Namen heute als Republik fortführt, in einer Art sterilen Frischhalte-Packung erhalten? Nun, das sind Fragen, die schon in den zwanziger Jahren von Hofmannsthal bis Musil hin die Geister bewegten. Haben solche Fragen heute noch einen Sinn? Damals waren sie Anlaß zu politischen wie kulturellen Initiativen. Selbst in Notzeiten erwies sich diese Gesinnung im spürbaren Vorrang von Theater, Musik, Literatur wie in der Verteidigung des Kulturerbes. Lieber hungerte man, als diesen Schatz zu versilbern. Unserer Gegenwart sind solche Versuchungen erspart.

Wo es einem gut geht, da ist dein Vaterland, lautet zu deutsch ein lateinisches Sprichwort, bekannt noch aus Schulzeiten wie als hedonistische Lebensmaxime. Und so mögen viele der Meinung zustimmen, die oft zitierte Erfolgsgeschichte der Zweiten Republik müßte eigentlich genügen, sich Stichproben zu ihrer Lage zu ersparen. Und findet man nicht in bundesdeutschen Kommentaren und Essays, gelegentlich mit sarkastischer Prise, vermerkt, daß diese Österreicher, im besonderen ihr Wiener Schlag, sich immer wieder selbst in Frage stellten? Erweise das nicht innere Unsicherheit, etwa, wirklich schon festes Land unter den Füßen zu haben oder sich nur am Balkan einer Konjunktur-Gunst festzuhalten?
Wenn es im intellektuellen oder publizistischen Milieu tatsächlich solche Besonderheiten gibt, stehen sie doch offensichtlich im Widerspruch zur Grundeinstellung der Bevölkerung und könnten also eher auf erworbene Berufseigenschaften zurückgehen. Indes, so leicht läßt sich das nicht beiseiteschieben, wenn der heimische Gefühlspegel auch sonst leicht zwischen Überschwang und Selbstverachtung schwankt. Mißtrauen gegen Glück, ein Zuviel des Guten, das ist hier schon lange literarisch aktenkundig. Zwecks Motivation damit die Volksseele zu belasten, trifft auch nicht. Im Gegenteil, wer lange genug hier gelebt hat, dem scheint das Problematische heute eher darin zu bestehen, daß sich Österreich selbst fast problemlos geworden ist. Wie immer man es dreht und wendet, das Sparpaket oder das wachsende Heer der Frühpensionisten sind nicht das, was einem da Sorge bereitet.

Der Republik fehlt es in ihren Bewohnern wie nach Beschaffenheit des Landes gewiß nicht an Ressourcen. Bedenken kommen einem dann, wenn sich bloßes Genügen am Lebensstandard, an sozialer Absicherung, Urlaub oder frühem Ruhestand schon für ein ausreichendes Selbstverständnis hält. Österreich genügt sich selbst, Fragen, was es ist, was es zu sein hat, erübrigen sich. Als Identitätsausweis genügt so das Bruttonationalprodukt, dessen Verteilung bzw. Umverteilung. Was noch an „Grenzüberschreitendem" bleibt, gehört zur Freizeit oder hat die Regierung zu besorgen.

Neuerdings reicht auch institutionell, nämlich als Mitglied der EU, das „Europäische" aus, um sich Gedanken über die eigene Rolle in dieser Staatengemeinschaft zu ersparen. Es belustigt höchstens, wenn sich die Koalitionsfunktionäre streiten, wer, wo und wann kompetenzmäßig mitzumischen hat. Und damit ist man auch schon an dem Punkt angelangt, der als Folge jener „Kernspaltung" Österreichs in die feindlichen Lager der Zwischenkriegszeit noch nachwirkt.

Große und kleine Koalitionen konnten über diese wechselseitige Bestreitung nicht ganz hinweghelfen. Beheben ließ sich so das alte, einst ideologisch bedingte wechselseitige Mißtrauen nicht, das schon den Proporz aus der Taufe gehoben hatte. Freilich entschärfte der Föderalismus der Republik die Gegensätze zwischen dem bisher „roten" Wien und den anderen, meist „schwarzen" Bundesländern.

Die Macht- und Zuteilungsfrage ist fünfzig Jahre nach Wiedererstehen Österreichs immer noch akut. Auch

Einparteienregierungen wie unter Klaus oder Kreisky konnten nicht das Mißtrauen gegeneinander auf Dauer ausräumen. „Political correctness" – ach, das ist als Modewort ein amerikanischer Import und deckt schon drüben sehr Verschiedenes ab. Auch hier beruft man sich gerne auf die Demokratie, kritisiert damit aber immer den anderen Partner. Man droht, notfalls in die Opposition zu gehen, um hinter verschlossener Tür offen zu sagen, so verrückt werde man wohl nicht sein dem anderen das Feld zu überlassen.

So bleibt bei aller Anerkennung dessen, was die jüngste Vergangenheit zum inneren Ausgleich und damit zur Verfestigung des Zusammenlebens in einer als Rechtsstaat fundierten Demokratie beigetragen hat, daß die Erblast nach 1918/19, ja selbst nach den Erfahrungen von 1938/1945 noch nicht ganz liquidiert, nur soweit abgebaut ist, daß sie einer gemeinsamen Zukunft nicht im Weg liegt.

Österreich als eine seinen politischen Kräften grosso modo gemeinsame Vorstellung muß aus einer oft nur benutzten Phrase in unbequemer, ja vielleicht harter Erprobung erst substantialisiert werden. Dieser Test ist nicht erst zu organisieren, ihn führen schon die Lage in Europa wie die Unwägbarkeiten in der Welt herbei. Herausforderungen dieser Art sind, positiv wie negativ, gewiß stärker als daß geistige Trägheit oder engstirniges Parteienkalkül sie lange ignorieren könnten. Freilich bedürfte es dazu auch politischer und charakterlicher Vorbilder. Auf eine solche neue Elite zu warten, kommt aber auch teuer zu stehen, wenn man die so versäumte Zeit erst wieder einkaufen muß.

Der Ernstfall für Österreich besteht denn auch nicht auf Grund äußerer Bedrohung oder infolge seiner materiellen oder sozialen Befindlichkeit. Er resultiert aus einem schleichenden, zehrenden Vorgang und folgt dem Mangel an intellektueller und moralischer Rechenschaft zum Stand der Dinge, also dem schlampigen Verhältnis zur Wirklichkeit, in die die Österreicher selbst eingetreten sind. Also wieder einmal zu spät, zu halbherzig oder unentschlossen reagiert? Die Sentenz bleibt einem als Bürger dieses Jahrhunderts noch im Ohr, auch wenn dem Vielvölkerreich längst eine kleine, aber lebensstarke Republik gefolgt ist.

Vom „Haus Österreich" zur Zweiten Republik kann man nur in Art einer Geschichtsmythologie unmittelbare Kontinuität behaupten. Doch gleicht eine solche Behauptung deswegen schon einem Griff ins Leere? In der Generationenkette, in den Erfahrungen, Irrwegen und Überwindungen übergreifen diese alle Brüche, die dieses jüngste Jahrhundert durchziehen. Also läßt sich auch nach einer mit Stichproben versuchten Inventur der Republik zumindest noch die Frage stellen, ob ein berühmtes Kryptogramm aus ferner Vergangenheit uns für das Selbstbewußtsein noch etwas zu sagen hat.

Kaiser Friedrich III. suchte das AEIOU an allen möglichen Bauwerken zu verewigen: Austria Erit In Orbe Ultima. Bis ans Ende der Tage werde Österreich, das Österreich seines Hauses, bestehen. So wird es gedeutet. Was vermöchte es den Österreichern von heute zu sagen, da auch das Haus und sein Reich in diesem alles verschlingenden Jahrhundert versunken sind?

Nun, es gab schon mehrere Österreich, historisch sind sie alle längst geworden, erloschen so viele Erbtitel. Was sichtbar blieb, befriedigt die Eitelkeit seiner gegenwärtigen Bewohner: *Austria felix*. Geschichtlichkeit wäre also das Einzige, was sich Österreich und jenes Europa, aus dem es hervorging, heute noch mit einiger Sicherheit zusprechen ließen.
Dieses 20.Jahrhundert setzte mit dem Untergang dreier Kaiserreiche ein. Nach zwei „Weltbürgerkriegen", die auf deren Boden ausgetragen wurden, haben sich die Schwerpunkte der Weltmacht außerkontinental verlagert, die Ostwanderung der „großen Revolution" von 1789 hat 1917 Rußland und sein Zarentum verschlungen. Und selbst nach dem Sturz des Sowjetsystems konnte weder hier noch in dem begünstigten, von den Amerikanern abgesicherten Westeuropa eine verläßliche, von einer gemeinsamen Idee vom Menschen und seiner Bestimmung, nicht bloß von Übermacht und Vorteil dominierte Friedensordnung zustandegebracht werden.
Aller großtönenden Rhetorik zum Trotz blickt Europa als ideeller und substantieller Begriff heute schon wie auf sich selbst zurück. Was in der Staatenwelt restauriert wurde, könnte man paradox seinen „weichen" Kern nennen. „Weich", da doch dieses Europa zu Anfang dieses Jahrhunderts noch der harte Kern der Welt von damals war. Die ist eine sehr andere geworden.
Im Rundhorizont eines Epochenwechsels wird sich gerade der Österreicher ernst nehmen müssen. Der Prozeß, in den sich West und Ost verstrickt wissen, geht weiter, hat Nord und Süd, andere Kulturen und Rassen miterfaßt. Denkmalschutz gilt in solchen Zei-

ten als Titel zu eigener Erhaltung längst nicht mehr. Und die Beschleunigung auf dem Fließband der Zeit scheint dem Betrachter noch zuzunehmen. Epochenwechsel meint ja, daß sich bei äußerem Fortwirken der westlichen, wissenschaftlich-technischen Zivilisation deren Triebkräfte und Rahmenbedingungen allmählich oder schubweise so ändern, daß sich der Umschlag als solcher Wechsel charakterisieren läßt.
Österreich, jenes, das der Österreicher liebt, in dem seine Natur, seine Seele sich daheim wissen, muß er sich erneut erringen. Wenn es gelingen soll, wird ihn das auch einiges kosten. Bloße Erinnerung gehört dem, der in Wirklichkeit schon gelebt hat.

Wien, im Oktober 1995

ERNST MOLDEN

WEISSER FRÜHLING

Im Auftrag der Neuen Zürcher Zeitung flog der junge Wiener Feuilletonist Ernst Molden mit dem Fotografen Gerhard Wartha nach Dubrovnik, der kriegsgeschädigten „Perle der Adria“ um für die Beilage der Zeitung zu schreiben. Aus zwei Tagen und zwei Zeitungsseiten wurden zwei Monate und ein faszinierender Essayband, köstlich illustriert, über das alte, das neue, das tote und das wieder zum Leben erwachende Dubrovnik.
Dubrovnik nach dem Krieg. Und plötzlich, in den feuchten, stürmischen Sciroccoňächten, kippt alles aus seiner Bewegungslosigkeit. Irgendwo brüllt ein Blinder und schon setzt sich der Zug in Bewegung. Männer und Frauen, Leutnants und Hippies, der Bischof und der Bettelmann. Es ist der weiße Frühling, auf den noch keiner den Namen der neuen Zeit geschrieben hat.

Mit Photographien von Gerhard Wartha
156 Seiten, 43 Abbildungen, Leinen,
Format 21,5 x 23 cm
öS 298,-, DM/sFr 45,-
ISBN 3-900436-13-4

AUS UNSEREM PROGRAMM

OLIVER SCHOPF

GROSSE EUROPÄER

Seit Jahren zeigt Oliver Schopf dem Publikum, daß er ein ausgezeichneter Karikaturist ist. Mit der vorliegenden Portraitsammlung beweist er uns seine weit über die Karikatur hinausgehenden künstlerischen Fähigkeiten. Er beweist uns auch nicht zuletzt durch seine Gedanken, die er quasi erläuternd jedem seiner Portraits gegenüberstellt, daß sein Denkhorizont keineswegs nur die Welt der schönen Künste umfaßt.
Oliver Schopf ist kein Mann der wenigen Striche. Seine Köpfe sind fast immer kleine Studien, nicht immer große Figuren.
Das Buch präsentiert eine eigenwillige, von Fritz Molden einleitend kommentierte Sammlung europäischer Persönlichkeiten des 20. Jahrhunderts.

25 Potraits und Gedanken
72 Seiten, 25 Abbildungen, Schtuzumschlag
Format 21 x 29 cm
öS 198,-, DM/sFr 29,80
ISBN 3-900436-12-6